ÉMILE DELAGE

A PROPOS
de la Conférence télégraphique internationale de Budapest, 1896.

APERÇU CRITIQUE
SUR LA
LÉGISLATION TÉLÉGRAPHIQUE

« *Il a constamment appartenu à la mission des Conférences télégraphiques générales, et il lui appartient assurément aujourd'hui encore d'amener, par des dispositions pratiques de service et par un tarif simple et modéré, une généralisation toujours plus grande de l'emploi du télégraphe.* »

(Dr Von STEPHAN, Secrétaire d'État du Département des Postes de l'Empire d'Allemagne).

ÉTUDE AUGMENTÉE

DU TEXTE DE LA CONVENTION DE SAINT-PÉTERSBOURG; DE LA LISTE DES ÉTATS ET GOUVERNEMENTS COLONIAUX ADHÉRENTS A L'UNION TÉLÉGRAPHIQUE; DU RÈGLEMENT DES CONFÉRENCES ET DES DERNIERS ÉLÉMENTS DE STATISTIQUE GÉNÉRALE CONNUS DE LA TÉLÉGRAPHIE UNIVERSELLE.

PRIX : **2 francs**

PARIS
GUILLAUMIN ET Cie
Éditeurs du *Journal des Économistes*
14, rue de Richelieu, 14
1896

IMPRIMERIE CHAIX, RUE BERGÈRE, 20, PARIS. — 3350-2-96. — (Encre Lorilleux)

A PROPOS

DE LA

CONFÉRENCE TÉLÉGRAPHIQUE

INTERNATIONALE

de Budapest, 1896

ÉMILE DELAGE

A PROPOS

de la Conférence télégraphique internationale de Budapest, 1896.

APERÇU CRITIQUE

SUR LA

LÉGISLATION TÉLÉGRAPHIQUE

« Il a constamment appartenu à la mission des Conférences télégraphiques générales, et il lui appartient assurément aujourd'hui encore d'amener, par des dispositions pratiques de service et par un tarif simple et modéré, une généralisation toujours plus grande de l'emploi du télégraphe. »

(Dr Von Stephan, Secrétaire d'État du Département des Postes de l'Empire d'Allemagne).

ÉTUDE AUGMENTÉE

DU TEXTE DE LA CONVENTION DE SAINT-PÉTERSBOURG ; DE LA LISTE DES ÉTATS ET GOUVERNEMENTS COLONIAUX ADHÉRENTS A L'UNION TÉLÉGRAPHIQUE ; DU RÈGLEMENT DES CONFÉRENCES ET DES DERNIERS ÉLÉMENTS DE STATISTIQUE GÉNÉRALE CONNUS DE LA TÉLÉGRAPHIE UNIVERSELLE.

PARIS

GUILLAUMIN ET Cie

Éditeurs du *Journal des Économistes*

14, rue de Richelieu, 14

1896.

TABLE DES MATIÈRES

APPENDICE

A SON EXCELLENCE M. LE MINISTRE DU COMMERCE DE HONGRIE, PRÉSIDENT DE DROIT DE LA CONFÉRENCE TÉLÉGRAPHIQUE INTERNATIONALE DE BUDAPEST, 1896.

Monsieur le Ministre,

Le Règlement adopté pour leurs travaux par les dernières conférences télégraphiques internationales de Berlin et de Paris, et qui sera repris, sans doute, par la prochaine, donne, de droit, la présidence du Congrès au Gouvernement du pays où sont tenues ses assises (1). Si la tradition est maintenue, c'est au Gouvernement Hongrois que sera dévolue la présidence du Congrès qui doit se tenir à Budapest à partir du 16 juin prochain, et c'est à Votre Excellence, apparemment, que reviendra le grand honneur d'en ouvrir les débats.

A Berlin, en 1885, M. le Dr de Stéphan,

(1) Voir en appendice ce Règlement.

secrétaire d'État du Département des postes et des télégraphes de l'Empire, chargé par son Gouvernement de saluer, en son nom, les membres du Congrès, disait à ceux-ci, dans son discours de bienvenue, entre autres choses :

.... « Si l'une des prérogatives les plus agréables des Gouvernements est de coopérer à la culture de toutes les institutions qui ont pour but de faire tourner les conquêtes de la science et les expériences de la technique au profit des habitants du globe terrestre, ce devoir est particulièrement réjouissant lorsqu'il s'agit d'étendre sa sollicitude aux moyens de communication, car le but de ceux-ci est, sous tous les rapports, si bienfaisant et, par leur nature même, si évident, qu'il ne saurait exister à ce sujet aucun doute ni aucune divergence d'opinion.

» L'importance de la télégraphie pour la civilisation est en voie constante de progrès. Je puis me contenter d'indiquer que l'activité commune de toutes les administrations et de toutes les sociétés télégraphiques a entrelacé, en un réseau toujours plus étendu et plus compact,

les fils qui procurent à la pensée humaine le moyen de transport le plus rapide.

» Les côtes occidentales de l'Amérique centrale et méridionale, celles de l'est et du sud de l'Afrique ont été mises en communication avec le réseau télégraphique général.

» Dans les anciens foyers de civilisation, de nouvelles stations se sont ouvertes par milliers, de telle sorte que les petites localités elles-mêmes peuvent jouir des avantages attachés à l'échange des correspondances télégraphiques.

» En Australie, les lignes télégraphiques aériennes ont pénétré à travers tout le continent ; la Tasmanie et la Nouvelle-Zélande ont été reliées au réseau ; en Amérique, les Cordillères ont été franchies ; les lignes de l'Empire russe ont été portées jusqu'aux rives de l'extrême Orient, et le messager le plus rapide de la pensée a aussi fait son entrée victorieuse dans l'empire Chinois. Nous devons à l'esprit d'entreprise et à l'activité des Compagnies de câbles, des communications sous-marines nouvelles et précieuses.

» Notre Union s'est étendue par l'adhésion

de plusieurs Etats et Colonies d'Asie, d'Afrique et d'Australie.

» Les expositions de Paris, Londres, Munich, Vienne, Turin, Philadelphie, Budapest, Anvers et autres, ont mis en évidence les progrès que l'esprit d'investigation a faits dans le domaine technique de l'électricité, et auxquels nous aurons à adapter nos dispositions administratives et nos moyens d'exploitation....

.... » Il a constamment appartenu à la mission des conférences télégraphiques générales, et il lui appartient assurément aujourd'hui encore d'amener, par des dispositions pratiques de service et par un tarif simple et modéré, une généralisation toujours plus grande de l'emploi du télégraphe.... »

A Paris, en 1890, M. Jules Roche, ministre du Commerce, des Postes et des Télégraphes, disait dans une même circonstance :

... « Vienne en 1868, Rome en 1872, Saint-Pétersbourg en 1875, Londres en 1879, Berlin en 1885 ont été tour à tour le siège de vos

assemblées, et chacune d'elles a déterminé de nouveaux progrès dans l'exploitation administrative de cette science étrange, encore si pleine de mystères, et pourtant déjà si féconde en services rendus à l'industrie, au commerce, et plus encore, il faut savoir le comprendre, à la civilisation générale de l'humanité.

» Quelle ne serait pas la surprise des créateurs de la télégraphie électrique s'ils voyaient aujourd'hui le rôle qu'elle joue dans la vie des peuples ?

» Lorsque fut votée, en France, la loi de 1846, accordant un crédit extraordinaire de 408.650 francs pour le télégraphe électrique de Paris à Lille, c'est à peine si les esprits les plus hardis osaient « prévoir l'instant où il serait » de l'intérêt de l'État de substituer le télé- » graphe électrique à la télégraphie ordinaire », à cet antique appareil aérien dont Chappe fit hommage le 12 mars 1792 à l'Assemblée législative et dont la première ligne, établie précisément de Paris à Lille, fut inaugurée le 30 novembre 1794 par la dépêche lue à la tribune

de la Convention par Carnot et annonçant la reddition de la ville de Condé à la République.

» Pouillet lui-même, le savant physicien, rapporteur de la loi de 1846, ne croyait pas qu'un jour viendrait où le télégraphe électrique remplacerait partout le vieux système....

.... » Laissons au passé ses faiblesses, ses erreurs, ses injustices, et sachons profiter de l'expérience acquise et des conquêtes réalisées pour éviter les fautes anciennes, et pour marcher d'un pas plus ferme et plus rapide vers un meilleur avenir.

» La science moderne accomplit des prodiges ; elle s'empare peu à peu de la planète où le genre humain souffrit si longtemps dans les ténèbres et dans la violence, et elle l'accommode au gré de ses besoins. Quels miracles la raison la plus froide n'aurait-elle pas le droit d'espérer, si toutes les ressources du génie et du travail pouvaient être consacrées à développer, parmi les peuples, l'œuvre de justice, de science et de concorde?..... »

Monsieur le Ministre,

Le télégraphe électrique, par les progrès qu'il a fait faire aux idées civilisatrices dans le monde, concurremment avec la poste, depuis environ un demi-siècle qu'il existe, se présente bien, de nos jours, avec les caractères d'utilité multiple que lui ont reconnus les deux éminentes personnalités dont je rappelle des réflexions.

En reconnaissant à son tour ces caractères au télégraphe, Votre Excellence tiendra certainement à demander aux délégués des États de lui être propice, en ces nouvelles assises, autant que leur mandat le leur permettra.

Dans cet ordre de pensées, la lecture des aperçus critiques qui sont présentés dans cette brochure vous intéressera peut-être. Veuillez permettre, Monsieur le Ministre, que je la réclame de la haute et sympathique attention de Votre Excellence, et puissent les raisons qui y sont exposées, dictées à l'auteur par le seul sen-

timent de l'équité, mériter votre approbation personnelle, dans leur esprit général tout au moins.

Croyez, Monsieur le Ministre, en l'assurance de mes sentiments de profond respect.

ÉMILE DELAGE.

Paris, mars 1896.

APERÇU CRITIQUE

SUR LA

LÉGISLATION TÉLÉGRAPHIQUE

2.

I

CONSIDÉRATIONS PRÉLIMINAIRES

Les études critiques d'ordre législatif, juridique, administratif ou scientifique, ont le sort commun de n'intéresser, hors quelques esprits d'élite préparés à tout comprendre, que les spécialistes, et c'est grand dommage pour le progrès des institutions comme pour celui des idées et des mœurs. La foule, inconsciente, se contente d'appeler toujours comme remède à ses maux des panacées politiques, que jamais la politique ne lui donnera dans l'exercice de l'esprit de justice. Si, plus raisonnable, elle s'efforçait de réfléchir aux conditions nécessaires à l'harmonie sociale, elle comprendrait qu'en toutes choses le secret des satisfactions réside dans une amélioration, lente mais persévérante, de l'ordre établi ; elle empêcherait ainsi une déviation des efforts de bien des esprits qui ne la servent mal que parce que ses impatiences les énervent et immobilisent toutes leurs initiatives pratiques.

Que d'avantages, par exemple, ne résulterait-il pas d'une poussée d'opinion puissante allant dicter aux États, dans leur prochaine conférence télégraphique de Budapest, annoncée pour le 16 juin, tant de réformes qui sont à apporter à ce grand outil d'utilité publique qui s'appelle le télégraphe !

Mais il faut faire son deuil des travers de l'opinion. Si la conférence en question n'est pas de nature, par son objet, à la passionner, il n'est pas moins nécessaire de lui en indiquer l'extrême intérêt.

Cinq années nous séparent du dernier Congrès de ce genre que les États onttenu. Il est facile de comprendre que, depuis lors, de multiples événements ont dû se produire, qui les obligent à se concerter de nouveau. Un organisme aussi important que le télégraphe, dont les ramifications s'étendent à l'univers tout entier, doit être sans cesse remanié pour être à la hauteur des besoins, soit au point de vue des meilleures applications mécaniques à combiner pour la rapidité et la sûreté des transmissions, soit au point de vue des rapports des administrations entre elles, soit au point de vue des taxes. La poste, qui a pris une place considérable dans les relations des hommes, trouve, dans l'incompressibilité des distances, un obstacle fatal à l'extension des services qu'elle peut rendre. Dans le plus grand nombre des cas, les applications de l'électricité à la télégraphie peuvent, avec la téléphonie, la suppléer excellemment et même la remplacer tout à fait, hors le cas où l'échange des idées comporte un discours trop développé; mais, dans cette forme de correspondance, que d'améliorations sont à réaliser à tous égards ! Non point que l'électricité manque à sa tâche, tant s'en faut. Mais les traditions de la routine et de l'esprit de réglementation outrancière sont encore si puissantes dans les conseils des administrations qui ont monopolisé l'exploitation du télégraphe, que les transformations utiles sont plutôt subies que recherchées par elles. C'est forcés — contraints, pour ainsi dire, que les États, à chaque conférence, consentent à corriger quelques-uns des vices de leur service et de leurs accords.

La différence de leurs conditions politiques et de leurs législations est sans doute une explication de la timidité des réformes dont ils conviennent ; encore la raison est-elle plus spécieuse que réelle, comme nous aurons occasion de le démontrer.

Quoi qu'il en soit, nous verrons bientôt dans quelle mesure nouvelle les gouvernements comprennent sur ce point leur mission civilisatrice.

Suivant l'habitude prise lors des conférences précédentes, les administrations de l'Union ont saisi le Bureau international de Berne, leur organe permanent, de leurs propositions respectives, et celui-ci en a composé un cahier dont les articles formeront l'ordre du jour du Congrès prochain.

Ce Congrès durera environ trois semaines.

Outre les Etats affiliés à l'Union, les États non encore adhérents seront admis à s'y faire représenter ; également les compagnies de câbles, dont le réseau sous marin joue un rôle auxiliaire si puissant dans la télégraphie intercontinentale.

En dehors des questions techniques, du ressort exclusif des ingénieurs électriciens et des agents du service, la conférence aura à examiner et à résoudre de nombreux points qui touchent au droit international et privé, et c'est surtout à ces points de vue que ses décisions doivent préoccuper les hommes qui ont le souci d'une meilleure entente des rapports sociaux : tel celui que soulève le droit, insuffisamment reconnu aux particuliers, de faire usage à leur gré du télégraphe ; tel celui soulevé par l'irresponsabilité de principe des administrations en cas de fautes de leur fait dans la transmission et la distribution des dépêches d'intérêt privé, et d'autres points non moins intéressants.

Or, il n'est pas inopportun d'indiquer l'utilité qu'il y aurait à voir les États déléguer à ces assises importantes, en même temps que des fonctionnaires, des jurisconsultes dont les avis ne manqueraient pas d'avoir une influence heureuse sur les discussions et les résolutions à intervenir.

Jusqu'à présent, les conférences de l'Union ont péché beaucoup sous cet aspect. Dans la dernière, tenue à Paris du 16 mai au 21 juin 1890, de même que dans celles antérieures, du reste, les délégués étaient, en grosse majorité, ou des fonctionnaires des administrations ou des diplomates, les uns et les autres peu préparés apparemment, malgré la distinction de leur esprit, à élucider les difficultés soulevées par les questions d'ordre juridique, puisque la législation télégraphique internationale est restée fort contradictoire et même, en certains détails, extrêmement confuse.

Il y a donc lieu de la reviser, et pour en mettre la lettre en harmonie avec les progrès de la législation générale et pour tenir compte des nécessités nées du développement prodigieux des rapports internationaux.

Pour justifier d'un trait ce besoin, il suffit d'indiquer que c'est la conférence de Saint-Pétersbourg, tenue en 1875, qui a donné aux États qui composent l'Union leur statut organique. La convention sortie des délibérations de cette assemblée est effectivement considérée par tous comme une charte inattaquable dont ils doivent éternellement s'inspirer pour résoudre tous les problèmes qui se rattachent au fonctionnement des télégraphes ; et, de fait, les conférences subséquentes de Londres 1879, Berlin 1885 et Paris 1890, n'y ont pas touché. Chaque fois, depuis, on s'est borné à en commenter le texte en des règle-

3

ments annexes qui régissent, entre chaque conférence, les détails d'application.

Conçoit-on ce saint respect pour une convention de caractère essentiellement administratif, alors que tout change incessamment dans le monde et que l'extension des relations humaines modifie complètement, d'année en année, la nature des besoins généraux ?

Évidemment il constitue un non-sens dont le redressement s'impose, et il est au moins permis d'espérer qu'à Budapest il se trouvera, dans la conférence, des esprits intelligents pour le dénoncer au nom de l'intérêt supérieur du progrès public, qui ne connaît pas de frontières.

II

TENDANCE INITIALE DE LA LÉGISLATION GÉNÉRALE SUR LA MATIÈRE

Il y a environ vingt-cinq ans qu'un jurisconsulte distingué de Berlin, M. le

Dr Otto Dambach, encore aujourd'hui attaché à l'administration allemande, déjà signalait, dans une étude dont nous devons une traduction française au Bureau international, l'urgence d'une coordination rationnelle des lois faites en tous pays sur la matière télégraphique dans ses rapports avec le droit pénal.

Après lui, et peu après la publication de son travail, des études législatives et administratives publiées par l'organe du Bureau, et dues la plupart à des fonctionnaires attachés aux administrations, mirent en lumière, de façon frappante, les nécessités indiquées par l'auteur allemand, et c'est visiblement sous leur pression que la conférence de Saint-Pétersbourg, mieux préparée que ses devancières à voir clair dans les tendances générales des gouvernements, a édifié la convention de 1875.

L'invention du télégraphe étant relativement récente, on s'explique, somme toute, que la législation qui en régit le fonctionnement n'ait pu s'asseoir que lentement, même dans les pays où ce moyen de correspondre s'est le plus vite et le plus complètement généralisé ; on peut admettre, de même, que la convention de Saint-Pétersbourg soit très imparfaite ; ce qui est inadmissible, nous le répétons, c'est que cette première constitution donnée à la télégraphie internationale n'ait encore provoqué aucune proposition de réforme de la part des administrations les plus éclairées qui en subissent la loi.

Un cryptographe français très autorisé, M. le marquis de Viaris, à qui l'on doit une critique fort judicieuse des règlements télégraphiques dans leurs prescriptions relatives aux formes du langage secret, a fait, avant nous, cette constatation générale, et rien que sur le terrain des applications spéciales qui ont occupé son esprit, il est incontestable que la convention internationale appelle de multiples corrections.

Mais il en est des règlements d'application qui se réfèrent à l'emploi des diverses formes du langage secret, comme du reste des pratiques télégraphiques : pour qu'ils soient d'un exercice logique et sûr, il faut que l'organisme dont ils procèdent, s'inspirent ou résultent, cesse d'être inharmonique dans sa constitution ; il faut que la législation sous laquelle vit le télégraphe ne soit pas contradictoire au point d'ériger le bon plaisir administratif en dogme, et surtout que le caractère régalien de l'institution, aujourd'hui presque général, n'autorise pas les gouvernements à oublier systématiquement les droits du public à s'en servir sur le pied d'égalité complète avec eux-mêmes dans l'égalité des taxes.

Et, qu'on y songe bien, il ne serait pas si difficile, après tout, de faire disparaître les anomalies qui choquent dans la convention. Que la tâche soit de nature à inquiéter des fonctionnaires comme ceux qui composent habituellement les assises de la télégraphie internationale, cela se conçoit; élevés dans l'interprétation et le respect des lois toutes faites, simples exécuteurs des volontés de leur lettre, ils sont mal placés pour en apprécier les vices de principe, hors les détails d'ordre pratique; mais à des légistes, que n'arrêteraient pas les considérations de l'intérêt professionnel et qui chercheraient les remèdes avec le seul souci de mettre de la rectitude dans les dispositions irrationnelles qui régissent la matière, la solution désirable ne se ferait pas attendre longtemps; et nul doute que cette solution ne reçût partout la sanction du pouvoir établi, fût-il des plus jaloux à maintenir, chez lui, les prérogatives légitimes dont peuvent se recommander la morale et la sûreté publiques.

La cause initiale des inconséquences de texte que l'étude la moins passionnée fait entrevoir dans la convention de l'Union télégraphique internationale, procède étroitement d'une très fausse conception qu'ont les hommes publics du rôle que doit jouer la télégraphie dans la vie publique. Sous le prétexte de prévenir des désordres et des abus d'ordre politique et social, dont le télégraphe pourrait être l'instrument, les gouvernements de la plupart des pays civilisés — les États-Unis exceptés — en ont peu à peu institué les services en monopole, comme ceux de la poste, alors qu'ils eussent dû en abandonner partout l'exploitation à l'industrie libre, quitte à en surveiller le fonctionnement comme ils le font avec l'industrie des chemins de fer, là où les chemins de fer ne sont pas encore absorbés; comme ils le font avec certaines grandes institutions financières, comme chez nous la Banque de France et le Crédit Foncier, et comme, dans beaucoup de cas encore, ils le font avec l'industrie des téléphones, devenue une concurrente active du télégraphe. Cette mainmise quasi générale faite par les gouvernements sur les exploitations télégraphiques qui ressortissent à leurs territoires respectifs a, on le sait, entraîné chez tous l'édiction de lois fort ombrageuses à l'endroit des individus. De là tant de prescriptions illibérales qui sont à la base de l'exploitation de ce grand service public.

En France, notamment, le caractère régalien du monopole des télégraphes a fait instaurer dans l'arsenal des lois civiles et criminelles des principes, dont les juristes les plus inféodés aux idées Étatistes sont assez d'accord à critiquer l'esprit de tous points révolutionnaire du droit moderne.

L'État, en somme, est une entité qu'on exploite abusivement pour faire oublier aux hommes soumis à un même régime politique que la collectivité n'a aucun droit justifiable que l'individu n'ait le droit d'exercer en partie.

Comment donc l'usage d'un instrument si nécessaire à tous, dans nos sociétés organisées, que le télégraphe dont ils paient l'entretien comme contribuables, et dont ils font la prospérité par les taxes de correspondance qu'ils acquittent, peut-il leur être mesuré arbitrairement ? Cela ne se comprend, ni en droit, ni en conscience.

Lorsqu'il prend en charge l'exploitation

d'un service public, l'État endosse *ipso facto* l'obligation de procurer à ceux qui y font appel, à leurs besoins, toutes les satisfactions que cette industrie livrée aux concurrences de l'industrie libre leur offrirait. Le législateur, en France, a implicitement admis cette obligation lorsqu'il a inscrit, dans la loi initiale sur les télégraphes, le droit des particuliers à requérir ce moyen de correspondance ; mais il a enlevé toute portée à l'inscription de ce principe dans la loi en subordonnant, par la même loi, l'exercice des droits reconnus aux particuliers (1), d'abord aux besoins de l'État même, ensuite au contrôle des employés de l'administration ; et aussi — et surtout — en déchargeant l'État de toute responsabilité à raison du service de la correspondance privée (2).

La France, pays dit libéral, a, dans cet ordre d'idées et par la hâte même qu'elle a mise à légiférer dans ce sens arbitraire et

(1) Loi du 29 novembre 1850, art. IV.
(2) Même loi, art. VI.

despotique, causé au progrès général un dommage immense. Dans l'étude ci-devant visée, qu'il a écrite il y a vingt-cinq ans sur le droit pénal télégraphique, M. le Dr Otto Dambach l'en a formellement et justement accusée, en constatant que son exemple a eu une action extérieure décisive. Et en effet, les formules de sa législation initiale se sont aussitôt retrouvées en Suisse, en Hollande et dans plusieurs autres États européens.

La critique que nous entreprenons de la convention de Saint-Pétersbourg, qui reflète l'esprit général des administrations, tend, en réalité, à redresser beaucoup moins les erreurs des autres que les nôtres mêmes, puisque ce sont les tendances de notre droit public, trop reproduit, qu'il nous faut faire corriger. Qu'il nous en coûte de constater que les dispositions inconséquentes et négatrices du droit de l'individu, inscrites dans la loi télégraphique, sont essentiellement l'œuvre de la France, on n'en saurait douter; mais qui veut la fin veut les moyens. Avant de demander à ceux qui nous ont copiés de faire amende honorable sur leurs fautes, reconnaissons donc les responsabilités que nous y avons : c'est fait.

III

CONTRADICTIONS DE TEXTE DE LA CONVENTION DE SAINT-PÉTERSBOURG ; LEURS CONSÉQUENCES AU POINT DE VUE DU DROIT PRIVÉ ET DES FORMES DU LANGAGE TÉLÉGRAPHIQUE

Mais ouvrons le document objet de nos réflexions, et discutons son texte sous les yeux.

« ARTICLE PREMIER. — Les hautes parties » contractantes reconnaissent à toutes per- » sonnes le droit de correspondre au moyen » des télégraphes internationaux. »

C'est parfait, n'est-ce pas? Voici venir

bientôt, malheureusement, l'envers de la médaille.

« Art. 7. — Les hautes parties contractantes se réservent la faculté d'arrêter la transmission de tout télégramme privé qui paraîtrait dangereux pour la sécurité de l'État ou qui serait contraire aux lois du pays, à l'ordre public ou aux bonnes mœurs. »

Quelle chute, hein? pour notre satisfaction d'entrée!

Nous le demandons, y eut-il jamais, à la base d'un accord quelconque, dispositions plus contradictoires?

En reconnaissant à toutes personnes quelconques, en tous pays, le droit de correspondre au moyen des télégraphes internationaux, l'article premier de la convention de Saint-Pétersbourg implique logiquement pour chacun le droit d'obliger l'administration à laquelle il s'adresse de véhiculer, dans tous les cas, des dépêches d'intérêt privé. Cela saute aux sens; mais l'article 7 réserve aux parties contractantes le droit d'arrêter la transmission de tout télégramme de cette nature qui paraîtrait suspect à l'une d'elles : la faculté constatée par l'article premier se trouve donc détruite.

C'est une faculté illusoire, puisque l'exercice en est subordonné au bon plaisir des commis, juges des rédactions à admettre.

Cette opposition de deux articles essentiels de la convention permet d'en apprécier déjà l'extraordinaire inconséquence, et elle provoque l'étonnement le plus profond.

Passe, si les réserves inscrites dans l'article 7 se trouvaient doublées, quelque part, d'un commentaire en déterminant exactement la portée ; mais nul commentaire n'en est donné dans le texte, non plus que dans les règlements annexes ; par conséquent l'article premier n'est qu'un trompe-l'œil, que le seul bon sens oblige à rayer simplement de la convention, si l'article 7 n'en est pas plutôt supprimé.

La conception d'un droit aussi excessif que celui que les États s'attribuent dans ce dernier article ne se justifie d'ailleurs par aucune bonne raison ; — car où prendre un criterium d'appréciation de ce qui, dans la correspondance privée, est ou n'est pas contraire aux lois, à l'ordre public et aux bonnes mœurs ?

De criterium, il n'en est pas, disons-le tout de suite, en dehors des lois pénales de chaque pays, et c'est à leur tribunal seul, conséquemment, que peut être soumise, le cas échéant, l'appréciation des crimes commis par la voie télégraphique, quelles qu'en soient la nature et la gravité.

C'est un principe de droit admis dans toutes les législations modernes, que l'homme n'a pour limite à l'exercice de sa liberté que le respect dû à la liberté de son prochain et le respect dû aux mesures édictées au nom de la collectivité nationale pour réprimer les écarts individuels. Or, la répression, c'est la loi pénale écrite qui la prescrit dans toutes ses gradations, même dans les pays les plus inféodés au pouvoir personnel. Dans l'Europe civilisée, la Russie peut être considérée comme le dernier refuge de l'autocratie politique; dans cet empire, les sujets ont pour juges de leurs actes répréhensibles une série de juridictions auxquelles la volonté même du Tsar ne les soustrait jamais.

Pourquoi, dès lors, ne pas se borner, dans la convention, à compléter le texte de l'article premier par un paragraphe renvoyant simplement aux tribunaux de chaque pays l'appréciation des délits et des crimes commis par la voie télégraphique?

Consentir cette correction serait abandonner, dira-t-on, le principe du contrôle préventif, et admettre que le télégraphe est un instrument d'utilité privée jouissant de toutes les immunités conséquentes. Sans doute.

Que cela paraisse excessif, en l'état des habitudes prises, soit : nous avouons cependant ne pas concevoir autrement l'institution du télégraphe.

Les États-Unis, qui n'ont pas une existence sociale moins active que les pays de la vieille Europe, n'ont rien redouté, pour leur tranquillité publique, du libre fonctionnement des télégraphes. Ils l'ont laissé libre, en effet; et leur réseau de fils, exploité par l'intérêt privé, n'est ni moins complet, ni moins actif, ni moins intelligemment administré que ceux de notre continent. En cela, comme en tout, certaines Compagnies, plus agissantes que d'autres, se sont taillé là-bas, dans le domaine de la télégraphie, des situations qui constituent à leur profit des monopoles de fait. Peu importe au public, évidemment, s'il est servi à son gré, et s'il ne sent pas peser sur ses volontés le joug d'une administration tyrannique.

Continuons à lire la convention :

« Art. 2. — Elles s'engagent — les
» hautes parties contractantes — à prendre
» toutes les dispositions nécessaires pour
» assurer le secret des correspondances et
» leur bonne expédition. »

En s'engageant ici à prendre toutes les dispositions nécessaires pour assurer le secret des correspondances et leur bonne expédition, les États conviennent apparemment que le télégraphe n'est pas uniquement un instrument de police et de gouvernement à leur disposition ; ils y inscrivent le principe des vraies obligations qui résultent pour eux de l'absorption de ce service public ; mais que l'on voie, à présent, l'article suivant.

« ART. 3. — Toutefois, elles déclarent —
» les hautes parties contractantes — n'ac-
» cepter, à raison du service de la télé-
» graphie internationale, aucune responsa-
» bilité. »

Si les États n'acceptent, à raison du service de la télégraphie internationale, aucune responsabilité, que penser, donc, des engagements pris précédemment ?

Ils sont illusoires de tous points. En réalité, les États promettent tout, mais peuvent, à leur gré, ne rien tenir ; et leur écriture déjà nous apparaît comme une logomachie contre laquelle proteste le simple bon sens autant que le droit.

Continuons à lire :

« Art. 4. — Chaque gouvernement s'en-
» gage à affecter au service télégraphique
» international des fils spéciaux, en nombre
» suffisant, pour assurer une rapide trans-
» mission des télégrammes.

» Ces fils seront établis et desservis dans
» les meilleures conditions que la pratique
» du service aura fait connaître. »

« Art. 5. — Les télégrammes sont
» classés en trois catégories :

» 1. Télégrammes d'État : ceux qui
» émanent du chef de l'État, des ministres,
» des commandants en chef des forces de
» terre et de mer, et des agents diploma-
» tiques ou consulaires des gouvernements
» contractants, ainsi que les réponses à
» ces mêmes télégrammes ;

» 2. Télégrammes de service : ceux qui
» émanent des administrations télégra-
» phiques des États contractants et qui
» sont relatifs, soit au service de la télé-
» graphie internationale, soit à des objets
» d'intérêt public déterminés de concert
» par lesdites administrations ;

» 3. Télégrammes privés.

» Dans la transmission, les télégrammes » d'État jouissent de la priorité sur les » autres télégrammes. »

Les réflexions inspirées par la lecture de ces derniers articles se tiennent avec les précédentes.

La mainmise faite par les États sur le télégraphe enlevant à l'industrie libre la faculté de créer des exploitations d'utilité privée, il en résulte, à leur charge, une obligation expresse de tenir réellement l'organisation de leurs réseaux respectifs, comme du réseau international, à la hauteur des besoins généraux.

L'article 4 consacre cette obligation excellemment; le malheur est que le suivant l'annule.

En donnant la priorité aux télégrammes administratifs et de service sur les télégrammes des particuliers, la convention consacre une sorte de déni de justice que la raison d'État nulle part ne justifie. La somme des correspondances d'intérêt privé dépasse dans des proportions immenses, dans tous les pays civilisés, celle des correspondances des autres catégories ; ce sont elles qui procurent les ressources utiles à l'entretien du réseau comme à l'entretien du personnel y attaché; car il est bien peu de pays qui ne trouvent dans le trafic l'équilibre de leurs charges de ce chef (1).

Si donc le télégraphe vit par les particuliers, comment ces derniers ne sont-ils pas, dans l'ordre des transmissions, sur le pied

---

(1) En Belgique, en Bosnie-Herzégovine, en Danemark, en Norvège, dans les Pays-Bas et en Suisse, le télégraphe travaillerait à perte, d'après une note du Bureau international, inspirée de l'étude de la statistique générale de 1890.

Cette constatation n'infirme en rien la portée de nos observations. La liberté télégraphique cessant d'être une fiction, l'usage du télégraphe se développerait et les ressources qu'il peut procurer augmenteraient en proportion.

Du reste, et le Bureau international en fait lui-même la remarque, il faut se garder d'insister sur l'apparente insuffisance des ressources télégraphiques de certains États, le télégraphe y faisant trop de cadeaux à certains services publics qui devraient lui payer des taxes comme les particuliers.

d'égalité avec les correspondants quelconques des gouvernements (1)?

Que si le nombre des fils du réseau général est insuffisant, ils l'augmentent, voilà tout!

Mais que disons-nous : si?

Cette insuffisance des exploitations est constatée par l'organe des États, même de façon expresse ; que l'on voie plutôt ce passage de la revue annuelle du *Journal télégraphique* de Berne paru en janvier dernier : « ..... La composition du réseau » télégraphique général ne nous paraît » plus répondre d'une manière absolument » satisfaisante aux besoins économiques » de l'époque..... »

Pour augmenter le réseau, dira-t-on, et le mettre à la hauteur des exigences de

(1) Dans le régime britannique indien, les dépêches de service des fonctionnaires publics n'ont aucun droit de priorité et prennent rang, pour la transmission, avec les dépêches privées, sauf dans les cas urgents de nécessité publique. (Art. 17 d'une ordonnance du gouvernement de l'Inde du 1er janvier 1893.)

l'époque, seul moyen de faire disparaître les embarras qui expliquent les questions de priorité, il faudrait des ressources financières considérables qu'il serait fort difficile aux États de se procurer.

Difficile, soit; impossible, non.

En tout cas, la situation est celle-ci : du fait des conditions actuelles des télégraphes, les intérêts individuels sont partout sacrifiés à l'entité collective et livrés à l'arbitrage capricieux de commis irresponsables; et ainsi l'essor de l'esprit économique et public est paralysé.

La conséquence de cet état de choses est d'autoriser l'inscription, dans les règlements d'application et dans l'échelle des taxes, de dispositions d'un illogisme navrant.

Voyez un exemple. Au télégraphe vous vous rendez avec une dépêche à faire véhiculer. L'employé qui la prend au guichet a, vous le savez, le droit monstrueux de la refuser, si le texte n'en est pas, à son jugement personnel, respectueux de l'ordre établi ou des mœurs. Mais ce juge, bon prince, a bien voulu s'abstenir de vous morigéner sur le chapitre de la civilité puérile et honnête, et voilà votre télégramme enregistré, tel quel, pour l'expédition.

— C'est tant, vous dit l'employé.

Vous payez. Votre dépêche, expédiée d'un bureau de Paris vers une ville voisine à midi, par exemple, doit rationnellement y être remise au destinataire vers 2 heures. Si elle n'y est remise que le lendemain, vous n'avez rien à dire à l'administration, vous eût-elle ruiné par sa négligence à vous servir. Il est telles dépêches, en effet, qui peuvent avoir cette conséquence.

Mais il ne s'agit plus de son irresponsabilité, dont nous avons déjà apprécié l'étrangeté.

Ce qui va vous désespérer autrement, c'est d'apprendre que l'administration vous a fait dire, dans votre correspondance, tout le contraire, ou à peu près, de ce que vous aviez dit expressément dans le texte déposé à ses guichets. Des mots tronqués par le service ont détruit toute la portée de votre correspondance; lorsque l'avis vous en est revenu, vous allez à l'employé du départ pour vous plaindre, et lui se borne à vous répondre : « Que voulez-vous que j'y fasse? » Le commis réceptionnaire a mal lu les » mots transmis! »

Et c'est tout.

Ou plutôt il vous dit, en fiche de consolation : « Il fallait payer un collationne- » ment ! »

L'administration, sur ce point, ne se rend pas compte évidemment de son immoralité.

On s'explique une taxe de priorité, on ne s'explique pas une surtaxe de collationnement faisant soupçonner, sous le régime de la taxe générale, un insouci systématique du service à accomplir. Aussi croyons-nous qu'on chercherait vainement, dans tous les rouages de la vie sociale, une institution présentant de pareilles conditions d'existence (1).

---

(1) A rapprocher de la surtaxe de collationnement imposée aux personnes qui cherchent une garantie

Les chemins de fer, les Compagnies de navigation, lorsqu'ils reçoivent une marchandise à transporter, en sont responsables jusqu'à la livraison. La poste, elle-même, quoique instituée en régale, comme le télégraphe presque partout, se reconnaît responsable de ses fautes lourdes, comme dans les transports d'argent. Responsable, le télégraphe, lui, ne l'est jamais, dans aucune de ses fautes, qu'il ait fait payer peu ou prou, du reste, le service promis (1).

C'est à cause de cela, justement, que la

relative contre les erreurs de transmission, le privilège inscrit dans l'article LIII, § 2, des règlements annexes : « Les télégrammes d'État rédigés en langage secret, chiffres ou lettres, sont collationnés » d'office et gratuitement. » Pourquoi cette inégalité de traitement?

(1) Les apologistes systématiques de la législation en vigueur diront peut-être que, sur ce point, nous manquons de sincérité, les règlements annexés à la Convention inscrivant le principe des remboursements de taxes pour fautes de service; mais les dispositions édictées présentent une appréciation si élastique des responsabilités administratives que, dans la pratique, les expéditeurs de télégrammes sont sans force effective pour réclamer.

taxe de collationnement apparaît comme une perception à condamner.

Lorsqu'on pénètre dans le fonctionnement technique des services télégraphiques, on apprécie les difficultés que présente la transmission irréprochable des dépêches. La fragilité des appareils, la multiplicité des signaux à employer pour reproduire les éléments d'une dépêche, même réduite, à de courtes distances, sont une explication de beaucoup d'erreurs dont peuvent avoir à souffrir les expéditeurs; on peut même et en toute indulgence accorder aux administrations qu'elles ne font jamais que des fautes involontaires; cette concession, toutefois, appelle un correctif: la reconnaissance formelle et sans réserves, par elles, du droit, pour quiconque a payé le prix d'une dépêche mal transmise et dont l'effet a manqué, d'en exiger le remboursement sans procédure.

Les États, malheureusement, ne rendent pas l'argent, en vertu du principe d'irresponsabilité qui leur est commun. Ils sont censés faire ce qu'ils peuvent, et leurs bonnes intentions seules semblent obliger les redevables à leur sourire toujours, même lorsqu'ils les frustrent abusivement. Privés par le monopole de confier leurs correspondances télégraphiques à qui se chargerait le mieux et à meilleur compte de les véhiculer, sous le régime des entreprises libres, ces derniers sont sans recours contre l'omnipotence administrative, que l'exploitation soit ou ne soit pas techniquement et mécaniquement à la hauteur des nécessités, que les règlements d'administration soient libéralement ou despotiquement conçus et appliqués, que les agents du service soient ou ne soient pas fidèles à leur mandat.

Est-ce bien le fait d'institutions de peuples civilisés ?

Continuons encore la lecture de la convention :

« Art. 6. — Les télégrammes d'État et » de service peuvent être émis en langage » secret, dans toutes les relations.

» Les télégrammes privés peuvent être
» échangés en langage secret entre deux
» États qui admettent ce mode de corres-
» pondance.

» Les États qui n'admettent pas les
» télégrammes privés en langage secret,
» au départ et à l'arrivée, doivent les lais-
» ser circuler en transit, sauf le cas de sus-
» pension défini à l'article 8. »

Plus loin :

« Art. 9. — Les hautes parties contrac-
» tantes s'engagent à faire jouir tout expé-
» diteur des différentes combinaisons ar-
» rêtées de concert par les administrations
» télégraphiques des États contractants,
» en vue de donner plus de garanties et
» de facilités à la transmission et à la
» remise des correspondances.

» Elles s'engagent également à le mettre
» à même de profiter des dispositions pri-
» ses et notifiées par l'un quelconque des
» autres États, pour l'emploi de moyens
» spéciaux de transmission ou de remise. »

C'est à merveille. Mais voici le fond du verre:

« ART. 8. — Chaque gouvernement se » réserve aussi la faculté de suspendre le » service de la télégraphie internationale » pour un temps indéterminé, s'il le juge » nécessaire, soit d'une manière générale, » soit seulement sur certaines lignes et » pour certaines natures de correspon- » dances, à charge par lui d'en aviser im- » médiatement chacun des autres gouver- » nements contractants. »

Dans les articles 6 et 9, tout plein de bonnes dispositions, on le voit, que détruisent radicalement les dispositions intermédiaires des articles 7 et 8.

Si, d'une part, les télégrammes privés « peuvent », en vertu de l'article 6, être échangés en langage secret entre deux États qui admettent ce mode de correspondance, et si, d'autre part, en vertu de l'article 9, les États « s'engagent » à faire jouir tout expéditeur des différentes combinaisons arrêtées de concert avec les administrations contractantes, comment peut-on concilier ce droit concédé et cet engagement pris, avec les restrictions inscrites dans l'article 8, et dans l'article 7 dont nous nous sommes déjà occupé ?

Le langage dit secret, dont nous parlerons tout à l'heure avec le développement qui convient à son idée théorique, est aujourd'hui entré dans la pratique générale des correspondances télégraphiques, et il est peu d'États qui en interdisent l'emploi, tout au moins dans les rapports internationaux. Dans l'Europe civilisée, la Russie, qui en prohibe l'usage dans la limite de ses frontières, ne refuse pas de le laisser employer à l'extérieur dans certaines conditions de formes et de portée qui s'inspirent de ses besoins de police. Pourquoi donc tenir encore en laisse, sur ce point important, le droit des particuliers, s'ils s'astreignent à respecter les obligations découlant des tarifs ?

Qu'en Serbie, qu'en Bulgarie, qu'en Roumanie, pays dont l'assiette politique laisse souvent à désirer; pays en masse encore mal préparés, semble-t-il, à vivre de la vie méthodique et active qui fait la force des autres peuples, le télégraphe reste un instrument économique incompris, et que les gouvernements s'y refusent à le livrer sans réserve à l'exercice des intérêts privés, cela peut s'admettre *à priori;* mais, ici même, la prohibition systématique du langage secret dans la correspondance télégraphique s'inspire, à l'endroit des individus, d'un sentiment de défiance singulièrement fragile.

Le secret, dans la télégraphie, peut se retrouver aussi bien dans le langage clair que dans les textes chiffrés ou de mots convenus, et ses dangers sociaux, s'il ne sont pas tout à fait chimériques, peuvent également se retrouver à la base des formules les plus bénignes de la correspondance en langage clair.

Supposons des agitateurs politiques russes, serbes, bulgares, turcs, en train de conspirer; ils arrêtent entre eux une liste de phrases banales comme celles-ci : « Rien de nouveau dans nos affaires » — « Tout va bien de notre côté » — « Comment allez-vous? » — « Nous avons reçu votre lettre », etc., et à ces formules de langage clair, que nulle administration ne peut refuser à ses guichets, ils donnent des significations conventionnelles quelconques pouvant constituer des mots de ralliement pour l'exécution de criminels attentats; ils font ainsi du langage secret, et du pire. Donc les précautions de police sont déjouées, et le télégraphe accomplit, en pleine lumière, le rôle dangereux que l'interdiction du langage dit secret a voulu prévenir.

Dans leur défiance à l'endroit des formules de ce qu'ils appellent le langage secret et n'est réellement que le langage condensé, les gouvernements sont donc victimes d'une illusion frisant l'enfantillage. Ils supposent que les fauteurs de désordre doivent nécessairement, lorsqu'ils échangent leurs idées par la voie télégraphique, s'enfermer dans les seules pratiques des formules économiques. Il faut qu'ils se décident à comprendre qu'en de tels cas l'économie est le dernier des soucis des fauteurs de révolutions, et que, priver le public général du bienfait intégral des organisations télégraphiques sous ces vains besoins de surveillance policière, est trop se rire de son jugement.

Ceci dit pour les États qui prohibent systématiquement l'usage du langage secret dans la correspondance télégraphique.

Aux autres, à ceux qui le laissent pratiquer sans contrôle, ce qu'il faut simplement demander, au nom supérieur du droit, c'est de laisser à chacun la libre disposition de ses combinaisons, le souci des intérêts généraux leur en faisant un devoir étroit.

IV

EFFET RÉGRESSIF DES TAXES ÉLEVÉES ET DE LA RÉGLEMENTATION LIMITATIVE DU LANGAGE DIT SECRET

A l'origine du télégraphe, le secret de l'idée a surtout préoccupé les hommes qui ont lancé la pratique des chiffres et des mots conventionnels dans la correspondance ; aujourd'hui, ce souci, s'il n'a pas disparu, est devenu le petit côté de la question. Malgré l'extension considérable du réseau télégraphique dans le monde, et les progrès réalisés par la mécanique du service, les taxes sont restées en beaucoup de cas extrêmement élevées; il est tels pays entre lesquels la taxe est un obstacle irréductible à l'emploi du langage clair. De France à Madagascar, par exemple, le prix par mot est de 7 fr. 15 c. par la voie normale, la moins coûteuse, qui est celle de Malte-Suez ; de 13 fr. 05 c. par la voie d'Italie-Turquie-El-Arich-Suez; de 14 fr. 95 à 15 fr. 725 par les voies de Ténériffe et de Madère. A ce compte, personne ne télégraphie, hors des cas de force majeure, le langage clair limitant trop étroitement l'expression de la pensée.

De France aux États-Unis d'Amérique, le tarif par mot varie de 1 fr. 25 c. à 2 fr. 10 c. ; il est, de la Russie d'Europe pour cette même contrée, de 69 kopecks à 1 r. 02 k. ! Voilà pourtant de grands pays et qui devraient pouvoir échanger avec aise des rapports télégraphiques ; jugez s'ils y sont bien incités !

Ces taxes, sans doute justifiées par la cherté des moyens jusqu'à présent à la disposition des États, ne sont pas moins excessives, et l'on devine de quel poids elles pèsent sur l'esprit d'économie des gens, dans les cas ordinaires de la vie ; s'ils les subissent, c'est forcés — contraints, absolument.

Aussi, quelle prodigieuse différence entre les résultats de l'exploitation télégraphique internationale et ceux de la télégraphie intérieure dans chaque État !

Il faut consulter, à cet égard, les chiffres de statistique générale comparés pour l'année 1894, le dernier exercice annuel dont le bureau de Berne a pu donner des éléments détaillés ; par exemple, ceux se référant à l'empire d'Allemagne, à la France et au royaume de Grande-Bretagne et d'Irlande, qui présentent la plus grande activité télégraphique en Europe.

Alors que le mouvement télégraphique extérieur de ces pays se chiffre :

En Allemagne par. . . .	8.749.285
En France par	4.902.534
En Angleterre par. . . .	7.367.873
soit au total par.	21.019.692

télégrammes expédiés ou reçus, le mouvement intérieur des seuls télégrammes soumis à la taxe s'est élevé :

En Allemagne, à . . .	22.199.174
En France à	32.718.337
En Angleterre à. . . .	64.330.636
soit au total (1) à	119.248.147
Différence en faveur de la télégraphie intérieure.	98.228.455.

Quelle brutale et décisive démonstration de l'effet régressif des taxes élevées et de la réglementation limitative des procédés de correspondance !

(1) Pour les autres pays, voir l'appendice.

Que l'on voie, à présent, les seuls chiffres statistiques se référant au trafic général des pays faisant partie de l'Union, pour l'année en 1895, dans les deux régimes :

Désignation du Régime.	Nombre de transmissions Intérieures.	Internationales	Total
Régime européen . .	181.720.000	50.702.000	232.422.000
— extra-européen	99.759.000	19.277.000	119.036.000

Le journal du Bureau de Berne, auquel nous empruntons ces chiffres, remarque que, comparés avec ceux de l'année précédente, ils indiquent une diminution du nombre des transmissions intérieures du régime européen correspondant à une légère augmentation des transmissions intérieures du régime extra-européen, soit exactement une augmentation de 489.000 dépêches intérieures ou moins de 0,2 0/0. Sur les correspondances internationales, il s'est produit une diminution de 1.048.000 télégrammes dans le régime européen et une augmentation de 705.000 dans le régime extra-européen, soit, au total, une diminution de 343.000 transmissions internationales, ou environ 0,5 0/0.

Le journal, ajoute, en résumé, qu'en la dernière année le trafic est resté stationnaire, malgré l'ouverture de nouveaux débouchés, notamment en Asie, où la Chine a été reliée d'une part aux Indes britanniques, par la voie de Bhamo, d'autre part avec la Russie par une troisième ligne terrestre : c'est une constatation plutôt désolante.

En opposition avec cette stagnation des correspondances internationales par la voie télégraphique, se dresse le téléphone, dont le développement bourgeonnant entraîne, partout, une dépression des services télégraphiques intérieurs ; que son service, qui relie déjà, en Europe, Paris à Bruxelles et à Londres, s'étende bientôt de Berlin à la capitale anglaise, comme l'a fait entrevoir M. Von Stéphan, l'éminent secrétaire d'État de l'administration allemande, à l'occasion du vote de la loi de finances de l'Empire, et plus tard relie toutes les grandes capitales entre elles, et l'on verra se précipiter ce mouvement de dépression télégraphique au grand dommage des budgets. Comme couronnement, enfin, que le téléphone, qui est loin d'avoir dit son dernier mot, relie New-York à l'Europe, et l'on assistera à ce spectacle singulier d'un instrument de locomotion des idées, utile au premier chef, abandonné parce que l'esprit de routine des administrations publiques et des défiances injustifiées en auront rendu le concours inutilisable dans la généralité des cas.

Prévoir cette éventualité est montrer sans doute un pessimisme exagéré. Encore convient-il de savoir l'envisager pour corriger tout ce qu'il y a de défectueux dans les dispositions prises par les États en ce qui concerne les exploitations télégraphiques.

Les Compagnies de câbles, dont l'existence est solidaire du développement des correspondances télégraphiques, ont eu, depuis longtemps déjà, le bon esprit de ne pas chercher à enrayer l'emploi du langage secret ; elles réclament moins contre ses intentions que contre son mode d'emploi.

Leur puissance de transmission fort limitée est d'accord avec leur intérêt sur ce point. Ce qu'elles appellent, en général, c'est simplement une réglementation rationnelle des procédés codiques employés, c'est-à-dire limitant ceux-ci à l'usage exclusif ou de chiffres ou de mots convenus ayant par eux-mêmes un sens intrinsèque; et elles ont raison.

Les administrations publiques dont elles sont les auxiliaires directs dans les transmissions sous-marines, peuvent se mettre à l'unisson de leurs besoins en rejetant définitivement, dans le langage secret, les combinaisons purement cryptographiques, c'est-à-dire les mélanges de chiffres et de lettres, et même les seules combinaisons de lettres encore admises dans les rapports diplomatiques; en dehors de ces détails d'ordre technique, elles ne peuvent, ni en droit, ni en conscience, continuer à laisser le langage dit secret sous le régime de la tolérance facultative.

Voilà ce que dit le bon sens.

V

CARACTÈRE VÉRITABLE DE L'INSTITUTION DU TÉLÉGRAPHE

Ces observations générales faites sur les articles essentiels de la convention de Saint-Pétersbourg, concluons, sous réserve de reprendre la question ultérieurement, si la lecture des propositions de réforme réglementaires portées à la conférence prochaine nous y invite.

Que si la conférence de Budapest n'est pas, par son mandat, suffisamment autorisée à tenir compte des besoins que nous avons signalés, elle consente, à tout le moins, à prendre une résolution de principe tendant à provoquer la refonte de la législation spéciale chez tous les États contractants, en vue d'une meilleure entente internationale à réaliser ultérieurement.

Il n'est pas possible, en effet, que les contradictions choquantes que nous avons signalées dans leur accord, et qui sont le fait évident de la confusion des doctrines sur le droit télégraphique, subsistent plus longtemps.

Somme toute, le haut personnel des administrations n'est pas responsable de ces conflits d'interprétation. C'est au législateur d'y remédier beaucoup plus qu'à lui. Ses délégués dans les conférences y paraissent avec des pouvoirs limités, et certainement ils sont, en masse, plus propices que l'on n'est tenté de l'admettre, aux réformes que réclame la vie économique.

Un des rares fonctionnaires de l'administration française qui aient écrit sur la matière aux points de vue qui nous occupe, M. Paul Dupré (1), convenait, il y a vingt ans déjà, tout en défendant le monopole télégraphique, que son fonctionnement n'était pas sans offrir de sérieux embarras

(1) M. Dupré fut chef du contentieux de l'administration à Paris.

dans ses prescriptions. Les documents des dernières conférences abondent en appréciations identiques. L'Allemagne se défend de longue date d'avoir jamais approuvé les tendances générales des législations initiales, nous le savons par son conseil le plus autorisé, M. le Dr Dambach. En Angleterre, quoique la télégraphie y soit aujourd'hui instituée en monopole, la législation est loin de se montrer aussi étroite que chez nous dans l'interprétation de ses prérogatives ; les services télégraphiques y sont libéralement administrés, et la télégraphie dite secrète n'y connaît pas d'entraves ; en d'autres pays il en est de même, en Suisse, en Suède, en Danemark, en Belgique notamment.

Il s'agit donc à présent, non plus de discuter sur le pour ou le contre du principe du monopole, mais de faire disparaître partout, des lois qui l'ont institué, les restrictions parasites dont elles sont embarrassées et que l'expérience a condamnées.

Dans un projet de loi qu'avait préparé le Conseil fédéral, en Suisse, lorsqu'il s'agit, à l'origine de l'institution du monopole, d'aliéner, en faveur du pouvoir central, les droits souverains des cantons, il était constaté que « les communications par voie télégraphique ne sont pas autre chose, au fond, que la correspondance par lettre ».

C'est bien là l'aspect sous lequel on peut considérer ce service public. Les mêmes immunités de la poste doivent lui être reconnues. L'État véhicule des lettres sans se préoccuper de leur contenu ; au moins est-ce son devoir unique ; l'esprit, la forme, le texte des correspondances, même ouvertes, ne relèvent pas de son jugement. Les délits et les crimes commis par cette voie n'ont qu'une autorité pour les juger : la loi pénale ; le télégraphe doit cesser d'être considéré autrement.

Dans cette interprétation, ce grand service public apparaît, avec la poste et le téléphone, soustrait comme ceux-ci aux contrôles affligeants qui refrènent les correspondances télégraphiques, comme le plus puissant des outils de la vie générale.

Les délégués des puissances à Budapest, en lui reconnaissant ce caractère et en prenant des résolutions conformes aux droits qu'il implique pour la masse des gens, mériteront tous les éloges. Pour s'y décider, il n'est besoin qu'ils soient de grands penseurs, ni, après tout, des juristes professionnels : ils n'ont qu'à se souvenir de leur qualité de citoyens civilisés et de membres de la grande famille humaine.

C'est par des accords équitables que les bons rapports internationaux s'affirmeront de plus en plus, au grand profit de la richesse et du progrès universels.

APPENDICE

A

CONVENTION DE SAINT-PÉTERSBOURG

ARTICLE PREMIER.

Les Hautes Parties contractantes reconnaissent à toutes personnes le droit de correspondre au moyen des télégraphes internationaux.

ART. 2.

Elles s'engagent à prendre toutes les dispositions nécessaires pour assurer le secret des correspondances et leur bonne expédition.

ART. 3.

Toutefois, elles déclarent n'accepter, à raison du service de la télégraphie internationale, aucune responsabilité.

ART. 4.

Chaque gouvernement s'engage à affecter au service télégraphique international des fils spéciaux, en nombre suffisant pour assurer une rapide transmission des télégrammes.

Ces fils seront établis et desservis dans les meilleures conditions que la pratique du service aura fait connaître.

ART. 5.

Les télégrammes sont classés en trois catégories :

1. Télégrammes d'État : ceux qui émanent du chef de l'État, des ministres, des commandants en chef des forces de terre et de mer et des agents diplomatiques ou consulaires des gouvernements contractants, ainsi que les réponses à ces mêmes télégrammes.

2. Télégrammes de service : ceux qui émanent des administrations télégraphiques des états contractants et qui sont relatifs, soit au service de la télégraphie internationale, soit à des objets d'intérêt public déterminés de concert par lesdites administrations.

3. Télégrammes privés.

Dans la transmission, les télégrammes d'État jouissent de la priorité sur les autres télégrammes.

ART. 6.

Les télégrammes d'État et de service peuvent être émis en langage secret, dans toutes les relations.

Les télégrammes privés peuvent être échangés en langage secret entre deux États qui admettent ce mode de correspondance.

Les États qui n'admettent pas les télégrammes privés en langage secret, au départ et à l'arrivée, doivent les laisser circuler en transit, sauf le cas de suspension défini à l'article 8.

ART. 7.

Les Hautes Parties contractantes se réservent la faculté d'arrêter la transmission de tout télégramme privé qui paraîtrait dangereux pour la sécurité de l'État ou qui serait contraire aux lois du pays, à l'ordre public ou aux bonnes mœurs.

ART. 8.

Chaque gouvernement se réserve aussi la faculté de suspendre le service de la télégraphie internationale pour un temps indéterminé, s'il le juge nécessaire, soit d'une manière générale, soit seulement sur certaines lignes et pour certaines natures de correspondances, à charge par lui d'en aviser immédiatement chacun des autres gouvernements contractants.

ART. 9.

Les Hautes Parties contractantes s'engagent à faire jouir tout expéditeur des différentes combinaisons arrêtées de concert par les administrations télégraphiques des États contractants, en vue de donner plus de garanties et de facilités à la transmission et à la remise des correspondances.

Elles s'engagent également à le mettre à même de profiter des dispositions prises et notifiées par l'un quelconque des autres États, pour l'emploi de moyens spéciaux de transmission ou de remise.

ART. 10.

Les Hautes Parties contractantes déclarent adopter, pour la formation des tarifs internationaux, les bases ci-après :

La taxe applicable à toutes les correspondances échangées, par la même voie, entre les bureaux de deux quelconques des États contractants sera uniforme. Un même État pourra, toutefois, en Europe, être subdivisé, pour l'application de la taxe uniforme, en deux grandes divisions territoriales au plus.

Le taux de la taxe est établi d'État à État, de concert entre les gouvernements extrêmes et les gouvernements intermédiaires.

Les taxes des tarifs applicables aux correspondances échangées entre les États contractants pourront, à toute époque, être modifiés d'un commun accord.

Le franc est l'unité monétaire qui sert à la composition des tarifs internationaux.

ART. 11.

Les télégrammes relatifs au service des télégraphes internationaux des États contractants sont transmis en franchise sur tout le réseau desdits États.

ART. 12.

Les Hautes Parties contractantes se doivent réciproquement compte des taxes perçues par chacune d'elles.

ART. 13.

Les dispositions de la présente convention sont complétées par un règlement, dont les prescriptions peuvent être, à toute époque, modifiées d'un commun accord par les administrations des États contractants.

ART. 14.

Un organe central, placé sous la haute autorité de l'administration supérieure de l'un des gouvernements contractants désigné, à cet effet, par le règlement, est chargé de réunir, de coordonner et de publier les renseignements de toute nature relatifs à la télégraphie internationale, d'instruire les demandes de modification aux tarifs et au règlement de service, de faire promulguer les changements adoptés, et, en général, de procéder à toutes les études et d'exécuter tous les travaux dont il serait saisi dans l'intérêt de la télégraphie internationale.

Les frais auxquels donne lieu cette institution sont supportés par toutes les administrations des États contractants.

ART. 15.

Le tarif et le règlement prévus par les articles 10 et 13 sont annexés à la présente Convention. Ils ont la même valeur et entrent en vigueur en même temps qu'elle.

Ils seront soumis à des revisions où tous les États qui y ont pris part pourront se faire représenter.

A cet effet, des conférences administratives auront lieu périodiquement, chaque conférence fixant elle-même le lieu et l'époque de la réunion suivante.

ART. 16.

Ces conférences sont composées des délégués

représentant les administrations des États contractants.

Dans les délibérations, chaque Administration a droit à une voix, sous réserve, s'il s'agit d'Administrations différentes d'un même gouvernement, que la demande en ait été faite par voie diplomatique au gouvernement du pays où doit se réunir la conférence, avant la date fixée pour son ouverture, et que chacune d'entre elles ait une représentation spéciale et distincte.

Les revisions résultant des délibérations des conférences ne seront exécutoires qu'après avoir reçu l'approbation de tous les gouvernements des États contractants.

ART. 17.

Les Hautes Parties contractantes se réservent respectivement le droit de prendre séparément, entre elles, des arrangements particuliers de toute nature sur les points du service qui n'intéressent pas la généralité des États.

ART. 18.

Les États qui n'ont point pris part à la présente convention seront admis à y adhérer sur leur demande.

Cette adhésion sera notifiée par la voie diplomatique à celui des États contractants au sein duquel la dernière conférence aura été tenue, et par cet État à tous les autres.

ART. 19.

Les relations télégraphiques avec des États non

adhérents ou avec les exploitations privées sont réglées dans l'intérêt général du développement progressif des communications, par le règlement prévu à l'article 13 de la présente Convention.

ART. 20.

La présente Convention sera mise à exécution à partir du 1er janvier 1876, nouveau style, et demeurera en vigueur pendant un temps indéterminé et jusqu'à l'expiration d'une année à partir du jour où la dénonciation en sera faite.

La dénonciation ne produit son effet qu'à l'égard de l'État qui l'a faite. Pour les autres Parties contractantes, la Convention reste en vigueur.

ART. 21 ET DERNIER.

La présente Convention sera ratifiée et les ratifications en seront échangées à Saint-Pétersbourg dans le plus bref délai possible.

Fait à Saint-Pétersbourg, le 10/22 juillet 1875.

B

RÈGLEMENT DES CONFÉRENCES

ARTICLE PREMIER.

La Présidence est dévolue au Gouvernement qui convoque la réunion.

Le Président ouvre et clôt les séances, dirige les délibérations et proclame le résultat des votes. La composition du Bureau lui appartient, et il désigne, pour la rédaction des procès-verbaux, les secrétaires qu'il juge nécessaires.

ART. 2.

Les secrétaires n'ont ni voix délibérative ni voix consultative. Ils ne peuvent prendre la parole que sur l'invitation expresse du Président, pour la lecture des procès-verbaux et autres documents.

ART. 3.

Les fonctionnaires attachés aux membres délégués, et, le cas échéant, les représentants des Compagnies télégraphiques ou des experts peuvent être admis aux séances, après y avoir été autorisés par le Président pour chaque cas spécial, mais sans avoir le droit de prendre part à la votation.

Art. 4.

La langue française est adoptée pour les discussions et pour les actes des conférences.

Art. 5.

Les séances générales ont lieu sur la convocation du Président, aux jour et heure fixés par la lettre de convocation ou arrêtés d'un commun accord à la séance précédente.

Art. 6.

Au commencement de chaque séance, sauf la première, il est donné lecture du procès-verbal de la séance précédente. Cette pièce est ensuite adoptée ou amendée, suivant les observations auxquelles elle aurait donné lieu.

A la dernière séance, la lecture et l'approbation ou l'amendement du procès-verbal ont lieu séance tenante, immédiatement avant la clôture.

Art. 7.

Les différents délégués sont rangés autour de la table des délibérations, en suivant l'ordre alphabétique, les délégués d'une même administration, lorsqu'il y en a plusieurs, étant placés les uns à côté des autres.

Les délégués ne prennent la parole qu'après l'avoir obtenue du Président.

ART. 8.

Chacun des délégués peut donner lecture ou demander qu'il soit donné lecture de tout amendement présenté par lui et être admis à en exposer les motifs.

Toutefois, aucun amendement n'est soumis à la votation s'il n'est signé ou appuyé au moins par la délégation d'une autre administration.

ART. 9.

Tout délégué peut prendre part à la discussion des propositions soumises à la conférence.

Le délégué d'une administration qui serait empêché par maladie d'assister à une séance a la faculté de charger de sa voix la délégation d'une autre administration. Toutefois, une délégation ne pourra pas réunir plus de deux voix, la sienne y comprise.

ART. 10.

Aucun amendement n'est adopté s'il ne réunit la majorité absolue des suffrages exprimés.

En cas d'égalité, il est considéré comme rejeté.

ART. 11.

Chacune des délégations des États contractants peut s'opposer à l'adoption d'une nouvelle disposition règlementaire, en déclarant son refus formel d'y adhérer.

Ce veto peut être absolu ou conditionnel et sous réserves de nouvelles instructions que la délégation provoquerait de son gouvernement. Il peut s'appliquer à un vote déjà effectué et auquel la délégation opposante n'aurait pu prendre part.

ART. 12.

En règle générale, on ne reproduit dans les procès-verbaux que l'avis ou la proposition de chaque membre avec les motifs principaux. Toutefois, chaque délégué a le droit de réclamer l'insertion analytique ou *in extenso* au procès-verbal de toute déclaration qu'il a faite, mais dans ce cas il est tenu de la fournir lui-même par écrit, dans la soirée qui suit la séance.

ART. 13.

Chaque proposition mise en délibération est soumise à la votation, quand celle-ci est formellement réclamée et sous les réserves prévues à l'art. 8.

Le vote a lieu par appel nominal et suivant l'ordre alphabétique des administrations représentées.

ART. 14.

La conférence peut renvoyer au préavis de commissions spéciales les questions soumises à ses délibérations. Dans les commissions, le vote est donné par délégation, chaque délégation représentée ayant droit à une voix.

Chaque membre de la conférence, soit personnellement, soit en se faisant remplacer, peut prendre part aux séances des commissions et y intervenir dans la discussion, sans avoir, toutefois, droit à la votation.

Art. 15.

Le résultat des travaux des diverses commissions est soumis en séance générale à l'approbation de la conférence, qui prend une décision à leur sujet.

Art. 16.

Les modifications apportées au règlement ne sont considérées comme définitivement votées qu'après la seconde lecture.

Art. 17.

Les actes résultant des délibérations de la conférence sont soumis à la signature de tous les délégués en suivant l'ordre alphabétique.

C

LISTE

DES

ÉTATS ET GOUVERNEMENTS COLONIAUX

adhérents à l'Union télégraphique.

PAYS	CLASSE (Art. LXXXI, § 3.)	DATE D'ENTRÉE DANS L'UNION
Allemagne	I	1er Janvier 1866.
Argentine (République).	I	1er Janvier 1889.
Australie occidentale . .	»	1er Janvier 1894.
Australie méridionale. .	IV	27 Mai 1878.
Autriche	II	1er Janvier 1866.
Belgique	III	do
Bosnie-Herzégovine. . .	V	1er Juillet 1880.
Brésil	I	16 Juillet 1877.
Bulgarie	V	18 Septembre 1880.
Cap de Bonne-Espérance	IV	1er Janvier 1882.
Cochinchine	V	26 Mai 1884.
Danemark	IV	1er Janvier 1866.
Egypte.	IV	21 Décembre 1876.
Espagne	II	1er Janvier 1866.
Espagnoles (Colonies). .	»	1er Avril 1890.
France.	I	1er Janvier 1866.

Grande-Bretagne	I	24 Février 1871.
Grèce.	V	1er Janvier 1866.
Hongrie	II	do
Indes britanniques . . .	II	1er Janvier 1869.
Indes néerlandaises . .	III	1er Juillet 1872.
Italie.	I	1er Janvier 1866.
Japon	IV	29 Janvier 1879.
Luxembourg	VI	2 Mars 1866.
Montenegro.	VI	20 Septembre / 2 Octobre 1880.
Natal.	VI	16 Mars 1881.
Norvège	III	1er Janvier 1866.
Nouvelle-Calédonie. . .	»	1er Janvier 1895.
Nouvelle-Galles du Sud.	IV	25 Février 1884.
Nouvelle-Zélande. . . .	IV	3 Juin 1878.
Pays-Bas	III	1er Janvier 1866.
Perse.	VI	1er Janvier 1869.
Portugal	V	1er Janvier 1866.
Portugaises (Colonies) .	»	1er Janvier 1894.
Roumanie	III	9 Février 1866.
Russie	I	1er Janvier 1866.
Sénégal.	V	26 Mars 1885.
Serbie	V	9 Février 1866.
Siam.	V	21 Avril 1883.
Suède	III	1er Janvier 1866.
Suisse	IV	do
Tasmanie	IV	8 Juillet 1885.
Tunisie.	V	1er Juillet 1885.
Turquie	I	1er Janvier 1866.
Victoria	IV	1er Janvier 1880.

D

STATISTIQUE TÉLÉGRAPHIQUE COMPARATIVE

De 1894.

(I. Renseignements principaux.)

Les éléments de statistique générale ci-après donnés sont reproduits du *Journal télégraphique* publié par le Bureau international, qui en a fait précéder la publication, dans son numéro du 25 novembre 1895, d'une note ainsi conçue :

« La statistique la plus ancienne publiée
» dans ce journal s'applique à l'année 1849.
» Pour toutes les années suivantes, nous
» avons donné les indications qui sont
» parvenues à notre connaissance, cher-
» chant à étendre, d'année en année, les
» renseignements que nous mettons à la
» disposition de nos lecteurs. Malgré nos
» efforts persévérants, nous sommes loin
» d'avoir atteint le but que nous nous
» sommes proposé : de faire porter notre
» statistique sur toutes les administra-
» tions de l'Union.

» Pour l'année 1894, nous avons obtenu,
» jusqu'à présent, les données plus ou
» moins complètes concernant 17 offices
» du régime européen et 6 du régime
» extra-européen, soit 23 sur 45 dont se
» compose l'Union. Il nous manque donc
» encore les statistiques de 7 administra-
» tions européennes et de 15 hors d'Eu-
» rope. »

OBJETS DE LA STATISTIQUE	Allemagne	Autriche	Belgique	Bosnie-Herzégovine	Bulgarie	Cap de Bonne-Espérance
I. Réseau. — *a.* Longueur des lignes du réseau entier en kilom.	127.239 644 1)	30.308 960 1)	6.323 1)	2.867 966 1)	4.885	9.780 1)
b. Développement des fils conducteurs en kilom.	404.706	91.807	31.504	6.852	9.728	24.083
II. Bureaux. — *a.* Nombre des bureaux: Ouverts au service intérieur et international	19.906 2)	4.388	973	114	158	334
Ouverts au service intér. seulement	—	5	—	3	—	—
TOTAUX.	19.906	4.393	973	117	158	334
b. Nombre des bureaux: De l'État	15.671	2.381	838	80	125	187
Des chem. d. fer ou Compag. privées	4.235	2.007	105	37	33	147 2)
Sémaphoriques av. serv. télégraph.	—	5	—	—	—	—
TOTAUX.	19.906	4.393	973	117	158	334
c. Nombre des bureaux: Avec service permanent	451	59	16	4	10	—
Avec service de jour complet ou prolongé	7.803	569	223	5	42	334
Avec service de jour limité	11.592	3.765	734	108	97	—
TOTAUX.	19.906	4.393	973 2)	117	158	334
d. Nombre des bureaux de dépôt	15.797 3)	100	492	1	—	—
III. Appareils. — Nombre d'appareils en service: Système Morse	16.204	3.525 3)	1.430	175 3)	334 3)	748
Système Hughes	554	189	72	2	—	—
Autres systèmes	11.986 4)	22	304 3)	—	—	23
TOTAUX.	28.804	3.736	1.808	177	334	771
IV. Personnel. — *a.* Personnel supérieur et de l'Administ. centr.	— 5)	— 3)	248	22	59	— 3)
b. Nombre des employés des bureaux			1.138 4)	154	563	
c. Personnel subalterne			3.202 5)	1[illegible] 3)	451	
TOTAUX.	—	—	4.586	305	1.073	—
V. Télégrammes. — *a.* Service intérieur: Nombre des télégrammes soumis à la taxe (expédiés)	22.109.174	5.830.630	2.727.761	157.731	815.130	992.120 4)
Nombre des télégrammes affranchis de la taxe (expédiés)	1.264.657 6)	30.041 4)	3.085	—	141.785	1.244.572 5)
TOTAUX.	23.403.831	5.860.671	2.730.846	157.731	956.915	2.236.692
b. Service international: Nombre des télégrammes expédiés à l'étranger	3.945.610 7)	2.309.273 5)	1.008.601	122.091 4)	75.709	7.336 6)
Nombre des télégrammes reçus de l'étranger	4.803.675	2.352.580 6)	1.076.021	99.122 5)	71.273	— 7)
Nombre des télégrammes ayant transité d'une front. à l'autre	1.137.328	1.064.372	583.982	109.075	60.352	
TOTAUX.	9.886.613	5.726.225	2.668.604	330.288	207.334	7.336
c. Nombre des télégrammes de service	691.115	1.015.736 7)	131.419 6)	32.851 6)	38.845	— 7)
TOTAUX GÉNÉRAUX DU NOMBRE DES TÉLÉGRAMMES	34.041.559	12.602.632	5.530.919	520.870	1.203.094	2.244.028
	fr. c.	fr. c.	fr. c.	fr. c.	fr. c.	fr. c.
VI. Recettes. — *a.* Produit net des correspondances intérieures	— 8)	— 8)	1.585.717 25	38.882 52	946.108 95	3.620.158 — 8)
b. Produit net des correspondances internat.			1.962.729 70	204.351 50		9.677 —
c. Recettes diverses			266.606 98 1)	85.408 62		105.484 —
TOTAUX.	—	—	3.815.053 93	328.642 64	946.108 95	3.825.318 —
VII. Dépenses. — *a.* Budget extraord. Frais d'établis^t du réseau	— 8)	— 8)	8.761.400 — 8)	7.045 72	— 9)	628.327 — 9)
b. Budget ordinaire: Personnel			4.584.635 — 8)	316.701 20		1.805.132 —
Frais d'exploitation et d'entretien des lignes et des bureaux			821.160 —	177.051 87		184.699 —
TOTAUX DES DÉPENSES DU BUDGET ORDINAIRE	—	—	5.405.795 —	493.843 07	—	1.989.831 —
VIII. Données générales. — *a.* Populat. de l'État d'ap. les recens^ts	49.428.470 9)	23.895.413 9)	6.069.321	1.336.091	3.154.259	1.527.224 10)
b. Superficie de l'État en kil. carrés	540.483 58 10)	300.024 384	29.456	51.100	97.029	553.050 11)

OBJETS DE LA STATISTIQUE	Italie (1)	Luxembourg	Pays-Bas 1)	Roumanie 1)	Sénégal	Suède
I. Réseau. — *a.* Longueur des lignes du réseau entier en kilom.	37.995 (4)	510 1)	5.580	6.444	1.100	8.781 1)
b. Développement des fils conducteurs en kilom.	110.238	933	19.062	14.737	1.537	24.849
II. Bureaux. — *a.* Nombre des bureaux — Ouverts au service intérieur et international	4.567 (2)	123	837	446	24	475
Ouverts au service intér. seulement	—	—	4	—	—	757
TOTAUX.	4.567	123	841	446	24	1.232
b. Nombre des bureaux — De l'État	2.882	75	408	206	24	275
Des chem. de fer ou Compag. privées	1.620	48	336	240	—	956
Sémaphoriques av. serv. télégraph.	65	—	7	—	—	1
TOTAUX.	4.567	123	841	446	24	1.232
c. Nombre des bureaux — Avec service permanent	204 (3)	4	10	35	—	4
Avec service de jour complet ou prolongé	552 (4)	21	258	36	—	192
Avec service de jour limité	3.811 (5)	98	573	375	24	1.036
TOTAUX.	4.567	123	841	446	24	1.232
d. Nombre des bureaux de dépôt	— (7)	—	—	—	6	—
III. Appareils. — Nombre d'appareils en service. — Système Morse	4.585 (8)	60	548	861	38	492
Système Hughes	142 (9)	—	73	9	—	—
Autres systèmes	97 (10)	56	420	1.026	5	177
TOTAUX.	4.824	116	1.041	1.896	43	669
IV. Personnel. — *a.* Personnel supérieur et de l'Administ. cent.	194	— 5)	89	111	3	35
b. Nombre des employés des bureaux	2.718		1.047	3.772	45	526 5)
c. Personnel subalterne	2.822		1.014	2.267	50	303 6)
TOTAUX.	5.734	—	2.150	6.150	98	864
V. Télégrammes. — *a.* Service intérieur. — Nombre des télégrammes soumis à la taxe (expédiés)	6.406.243 (13)	21.296	2.247.192	1.241.903	46.676	1.017.300
Nombre des télégrammes affranchis de la taxe (expédiés)	834.829 (13)	1.546	—	118.911	17.457	—
TOTAUX.	7.241.072	22.842	2.247.192	1.360.814	64.133	1.017.300
b. Service international. — Nombre des télégrammes expédiés à l'étranger	818.455 (14)	43.413	791.061	235.883	5.199	331.585
Nombre des télégrammes reçus de l'étranger	945.940 (14)	41.419	985.403	207.521	5.971	307.679
Nombre des télégrammes ayant transité d'une front. à l'autre	117.248	—	361.354	62.287	—	232.127
TOTAUX.	1.881.643	84.832	2.137.818	505.691	11.170	871.391
c. Nombre des télégrammes de service	283.519 (15)	5.947	38.729	45.035	3.038	162.221
TOTAUX GÉNÉRAUX DU NOMBRE DES TÉLÉGRAMMES.	9.406.234	113.621	4.423.739	1.911.540	78.341	2.050.912
	fr. c.	fr. c.	fr. c.	fr. c.	fr. c.	fr. c.
VI. Recettes. — *a.* Produit net des correspondances intérieures	12.593.327 95	7.844 85	1.474.126 40	—	68.288 80	805.861 —
b. Produit net des correspondances internat.	2.624.382 19	40.031 09	1.299.444 25		25.000 —	1.036.600 —
c. Recettes diverses	877.050 33 (16)	446 56	177.508 20		—	68.388 —
TOTAUX.	16.094.759 87	48.322 50	2.951.078 85	—	93.288 80	1.910.849 —
VII. Dépenses. — *a.* Budget extraord. Frais d'établist du réseau	—		258.959 40	—	—	146.883 —
b. Budget ordinaire. — Personnel	2.092.020 72 (17)	— 5)	3.350.638 75	—	—	1.428.694 —
Frais d'exploitation et d'entretien des lignes et des bureaux	1.662.008 38		840.781 90		11.700 —	434.029 —
TOTAUX DES DÉPENSES DU BUDGET ORDINAIRE.	3.754.029 10	—	4.200.420 65	—	—	1.862.723 —
VIII. Données générales. — *a.* Popul. de l'État d'ap. les recenst	30.347.291	211.088 6)	4.505.618	5.406.249	1.100.000	4.873.183
b. Superficie de l'État en kil. carrés	296.323	2.587	33.075	160.490	155.000	447.862

OBJETS DE LA STATISTIQUE	Suisse	Tunisie	États-Unis Compagnie Western Union
I. Réseau. — *a.* Longueur des lignes du réseau entier en kilom.	7.203,888 ¹)	8.203	305.857,69
b. Développement des fils conducteurs en kilom.	20.091,860 ¹)	5.097	1.283.353
II. Bureaux. — *a.* Nombre des bureaux — Ouverts au service intérieur et international	1.570	73	21.139
Ouverts au service intér. seulement	—	—	—
TOTAUX.	1.570	73	21.139
b. Nombre des bureaux — De l'État	1.500	63	—
Des chem. de fer ou Compag. privées	70	9	21.130
Sémaphoriques av. serv. télégraph.	—	1	—
TOTAUX.	1.570	73	21.130
c. Nombre des bureaux — Avec service permanent	5	—	21.140
Avec service de jour complet ou prolongé	62	11	—
Avec service de jour limité	1.512	62	—
TOTAUX.	1.570	73	21.139
d. Nombre des bureaux de dépôt	70	—	—
III. Appareils. — Nombre d'appareils en service. — Système Morse	2.045 ²)	92	63.938
Système Hughes	49	3	8
Autres systèmes	219 ³)	19 ¹)	1.368
TOTAUX.	2.313	114	65.314
IV. Personnel — *a.* Personnel supérieur et de l'Administ. cent.	66	— ²)	68
b. Nombre des employés des bureaux	2.089		32.717
c. Personnel subalterne	98		1.449
TOTAUX	2.253	—	34.234
V. Télégrammes. — *a.* Service intérieur. — Nombre des télégrammes soumis à la taxe (expédiés)	1.818.827	164.981	56.597.762
Nombre des télégrammes affranchis de la taxe (expédiés)	—	45.549	—
TOTAUX.	1.818.827	210.530	56.597.762
b. Service international. — Nombre des télégrammes expédiés à l'étranger	644.763	108.881	1.317.494
Nombre des télégrammes reçus de l'étranger	656.613	99.957	—
Nombre des télégrammes ayant transité d'une front. à l'autre	526.537	—	—
TOTAUX.	1.827.913	208.838	1.317.494
c. Nombre des télégrammes de service	133.958 ⁴)	32.109	—
TOTAUX GÉNÉRAUX DU NOMBRE DES TÉLÉGRAMMES.	3.780.698	451.047	57.915.256
	fr. c.	fr. c.	fr. c.
VI. Recettes. — *a.* Produit net des correspondances intérieures	1.208.264 58	121.586 57	94.224.079 80
b. Produit net des correspondances internat.	1.370.522 97	180.622 23	9.918.815 —
c. Recettes diverses	122.539 05 ⁵)	21.418 62	4.288.708 95
TOTAUX.	2.701.326 60	320.627 42	108.431.603 75
VII. Dépenses. — *a.* Budget extraord. Frais d'établiss' du réseau	107.512 45	— ⁵)	—
b. Budget ordinaire. — Personnel	1.870.434 53		40.643.090 60
Frais d'exploitation et d'entretien des lignes et des bureaux	749.449 82 ⁶)		38.065.939 85
TOTAUX DES DÉPENSES DU BUDGET ORDINAIRE.	2.619.883 35	—	78.709.030 45
VIII. Données générales. — *a.* Populat. de l'État d'ap. les recensts	2.917.819	1.500.000	62.622.250
b. Superficie de l'État en kil. carrés.	41.418	130.000	—

OBSERVATIONS

Allemagne. — ¹) Non compris 31.224,88 kilom. de lignes de chemins de fer ayant un développement de fils de 108.406,15 kilom., ni 461,98 kilom. de lignes et 162,35 kilom. de fils dans les protectorats allemands de l'Afrique. — ²) Y compris 10 bureaux télégraphiques dans les protectorats allemands de l'Afrique. — ³) En outre tous les bureaux ambulants, tous les facteurs du télégraphe et facteurs ruraux sont obligés de recevoir en dépôt des télégrammes. — ⁴) A savoir : 11.763 appareils télégraphiques, 16 appareils du système Estienne et 267 appareils auxiliaires d'autres systèmes. — ⁵) Les services des postes et des télégraphes étant réunis, on ne peut établir une distinction pour le personnel spécialement affecté au service télégraphique. — ⁶) Y compris 137.093 télégrammes de service des chemins de fer. — ⁷) Non compris 48.685 télégrammes de service internationaux. — ⁸) La réunion des services des postes et des télégraphes ne permet pas d'établir les chiffres des recettes et des dépenses exclusivement afférentes au service télégraphique. — ⁹) Recensement du 1er décembre 1893. — ¹⁰) Non compris la surface occupée par les eaux.

Autriche. — ¹) Non compris 16.209,888 kilom. de lignes de chemins de fer ayant un développement de fils de 41.816,415 kilom., ni 9,586 kilom. de lignes appartenant à une Compagnie privée et ayant un développement de fils de 31,586 kilom. — ²) Non compris 3.050 appareils appartenant aux chemins de fer et 27 à une Compagnie privée. — ³) Les services des postes et des télégraphes étant réunis, il ne peut être établi de distinction pour le personnel propre au service télégraphique. — ⁴) Télégrammes de la Cour Impériale. — ⁵) Dont 707.312 pour la Hongrie. — ⁶) Dont 727.829 de la Hongrie. — ⁷) Dans les télégrammes de service sont compris les télégrammes météorologiques, les bulletins de la bourse et des cours des prix des blés. — ⁸) La réunion des services des postes et des télégraphes ne permet pas d'établir les chiffres des recettes et des dépenses exclusivement afférents au service télégraphique. — ⁹) Recensement de 1890.

Belgique. — ¹) Ces chiffres ne comprennent ni 370 kilom. de lignes (comportant

OBSERVATIONS

2.083 kilom. de fils conducteurs établis le long des cours d'eau, ni 1.132 kilom. de fils établis aux frais des concessionnaires de chemins de fer, ni 63 kilom. de fils établis pour le service horaire. — [2] Non compris 96 bureaux reliés au réseau mais qui, ouverts au départ seulement, sont considérés comme bureaux de dépôt, ni 60 postes éclusiers établis le long des cours d'eau. — [3] Non compris 108 téléphones servant à la transmission de télégrammes. — [4] Non compris 3.767 agents des chemins de fer, des postes et des ponts et chaussées qui prêtent leur concours au télégraphe. — [5] Dans ce nombre sont compris 2.525 porteurs de télégrammes. — [6] Ce chiffre représente le nombre des télégrammes pour le service télégraphique seulement. Le nombre total des télégrammes de service est de 3.428.613 émis pour les services des chemins de fer, des postes, des télégraphes, de la marine, etc. — [7] Cette somme se décompose comme il suit : adresses conventionnelles 21.250 francs ; exprès postaux 237.688 fr. 36 c., et produits extraordinaires, 7.700 fr. 62 c. — [8] Ces chiffres comprennent les dépenses de la télégraphie et de la téléphonie. Actuellement il n'est pas possible de les distinguer.

Bosnie-Herzégovine. — [1] Y compris les lignes et fils des chemins de fer. — [2] Y compris les appareils appartenant aux chemins de fer. — [3] Non compris les agents des chemins de fer et des postes. — [4] Y compris 117.435 télégrammes à destination de l'Autriche-Hongrie. — [5] Y compris 95.100 télégrammes en provenance de l'Autriche-Hongrie. — [6] Dans ce chiffre figurent aussi les télégrammes météorologiques, les bulletins de cours des prix des blés et de la bourse et ceux d'intérêt public.

Bulgarie. — [1] Dont 42 de chemins de fer. — [2] La réunion des postes et des télégraphes ne permet pas d'établir les chiffres des dépenses exclusivement afférentes aux télégraphes : ces dépenses se sont élevées en tout à 2 millions 531.263 fr. 52 c.

Cap de Bonne-Espérance. — [1] Y compris les lignes et fils des chemins de fer qui appartiennent à l'État. — [2] A savoir : 145 bureaux de chemins de fer et 2 bureaux privés. — [3] Les postes et les télégraphes étant réunis, il ne peut être fait de distinction entre le personnel des deux services. — [4] Y compris les télégrammes de presse et les télégrammes ordinaires du Gouvernement soumis à la taxe à partir du 1er juillet 1894. — [5] Y compris les télégrammes du Gouvernement colonial, exempts de taxe, du Gouvernement impérial et du Département des chemins de fer. — [6] Non compris les télégrammes expédiés directement par la Compagnie des câbles. — [7] Aucun relevé n'en a été fait. — [8] Y compris le prix des télégrammes du Gouvernement et des chemins de fer. — [9] La somme totale des constructions jusqu'au 31 décembre 1894 s'élevait à 10.002.018 francs. — [10] A savoir : Européens, 376.987, et indigènes, 1.150.237. — [11] Ne comprend que le Cap de Bonne-Espérance.

Danemark. — [1] Non compris 1.816 kilom. de lignes de chemins de fer ayant un développement de fils de 5.889 kilom. — [2] En outre 97 bureaux téléphoniques. — [3] A savoir : 8 appareils Wheatstone et 157 téléphones. — [4] En outre 602 appareils dans les bureaux des chemins de fer. — [5] En outre 14.229 télégrammes météorologiques internationaux et de transit. — [6] Année budgétaire du 1er avril 1894 au 31 mars 1895. — [7] Recensement de 1890. — Non compris les îles de Faroe et Islande.

Egypte. — [1] Y compris les lignes et les bureaux de la Compagnie Eastern Telegraph et du canal de Suez. — [2] A savoir : 4 bureaux de la Compagnie Eastern Telegraph et 15 du canal de Suez. — [3] Y compris les télégrammes

OBSERVATIONS

de service des chemins de fer et du port d'Alexandrie qui se montent à 98 0 0 de ce chiffre.

France (Continent et Corse). — [1] Non compris 6306,50 kilom. de grandes lignes sous-marines ayant un développement de fils de 7009,50 kilom. ni 982 kilom. de câbles côtiers de la Tunisie qui appartiennent à la France. — [2] Ce chiffre se décompose ainsi : 852 bureaux principaux ; 6.384 bureaux secondaires ; 120 bureaux militaires ; 213 bureaux écluses ; 131 bureaux sémaphoriques ; 3.376 bureaux gares et 262 bureaux d'intérêt privé. — [3] Bureaux municipaux. — [4] Ce chiffre se décompose ainsi : Baudot 115 ; à cadran 584 ; Wheatstone 2 ; appareils téléphoniques 5.065 et 205 divers. — [5] Personnel des postes et télégraphes fusionné. Y compris 863 gérants de bureaux municipaux. — [6] Y compris 1.267.908 télégrammes déposés dans les gares de chemins de fer. — [7] Télégrammes de départ. — [8] Par suite de la fusion les dépenses des postes, des télégraphes et des téléphones ne peuvent pas être décomposées. Elles se sont élevées en tout pour le personnel à 101.348.370 fr. 69 c., et pour l'exploitation, à 66.459.165 fr. 39 c. — [9] Recensement de 1891.

France (Algérie). — [1] Ce chiffre se décompose ainsi : 52 bureaux principaux ; 251 bureaux secondaires ; 7 bureaux militaires ; 1 bureau d'écluse ; 6 bureaux sémaphoriques ; 76 bureaux gares et 5 bureaux d'intérêt privé. — [2] Bureaux municipaux. — [3] Ce chiffre se décompose ainsi : Baudot 6 ; à cadran 33 ; Wheatstone 2 ; appareils téléphoniques 12 et divers 4. — [4] Personnel des postes et télégraphes fusionné. Y compris 90 gérants de bureaux municipaux. — [5] Télégrammes de départ. — [6] Par suite de la fusion, les dépenses des postes, des télégraphes et des téléphones ne peuvent pas être décomposées. Elles se sont élevées en tout, pour le personnel, à 3 millions 147.246 fr. 87 c., et pour l'exploitation, à 1.537.311 fr. 73 c. — [7] Recensement de 1891.

Grande-Bretagne et Irlande. — [1] Y compris 37.308,10 kilom. de fils privés, mais non compris les tubes pneumatiques et les fils des Compagnies de chemins de fer. — [2] Non compris les bureaux des Compagnies de câbles sous-marins. Tous les bureaux de poste acceptent des télégrammes intérieurs et internationaux. — [3] Bureaux de chemins de fer transmettant aussi des télégrammes privés pour le compte de l'administration. — [4] Dont 25 appartenant à des particuliers et Compagnies. — [5] Y compris 70 bureaux à service permanent pendant la semaine seulement. — [6] Y compris 135 bureaux ouverts temporairement pour des occasions spéciales. — [7] Bureaux de tubes pneumatiques compris dans le chiffre total de 9.661. — [8] Dont 17 employés sur les câbles entre l'Angleterre et le continent. — [9] Dont 510 automatiques de Wheatstone, 123 translateurs, 110 quadruplex et 33 multiplex (Delany). — [10] Y compris les appareils sur les lignes privées. — [11] Y compris 61.829 employés temporaires. — [12] Les postes et télégraphes étant réunis, le chiffre des employés du service télégraphique ne peut être indiqué à part. — [13] Y compris 21.445 télégrammes à taxes réduites expédiés pour le compte des chemins de fer. — [14] Y compris les télégrammes échangés directement par des Compagnies de câbles, sans passer par les lignes de l'administration. — [15] Aucun relevé n'en a été fait. — [16] Le maximum des télégrammes expédiés pendant une semaine de l'année s'est élevé à 1.816.736. La moyenne des mots transmis pour la presse pendant une semaine a été de 12.465.653. — [17] Y compris 2.070.525 francs afférents à des télégrammes de presse et 10.350 francs pour les télégrammes à taxes réduites expédiés par les Compagnies des chemins de fer. — [18] Y compris 1.694.575 francs pour la rente des fils spé-

OBSERVATIONS

ciaux loués aux Compagnies des câbles, ainsi que la part de l'Angleterre dans les produits des correspondances téléphoniques entre Paris et Londres. — 9) Ce chiffre comprend : a) pour la rente des fils loués à des particuliers 2.375.200 francs, et b) pour les fils loués par les propriétaires de journaux 270.175 francs. — 10) Outre cette somme qui constitue la dépense afférente seulement à l'exercice 1894 et qui a été prélevée sur le budget annuel des dépenses ordinaires, un capital de 253.270.580 francs est engagé pour le premier établissement du réseau. — 11) Estimation au 31 mars 1895.

Grèce. — 1) Personnel postal et télégraphique. — 2) Par suite de la fusion, les dépenses postales et télégraphiques du budget ordinaire ne peuvent être décomposées. Elles se sont élevées en tout à 2.367.175 francs.

Hongrie. — 1) Non compris 1.708,$_{588}$ kilom. de lignes de chemins de fer ayant un développement de fils de 36.514,$_{491}$ kilom., ni 113,$_{971}$ kilom. de lignes de Compagnies privées ayant un développement de fils de 309,$_{219}$ kilom. — 2) Dans 1.084 bureaux le service télégraphique est combiné avec le service postal. 50 bureaux d'État ont un service téléphonique pour l'expédition des télégrammes. — 3) Dont 61 bureaux télégraphiques privés. — 4) Bureaux de poste sans service télégraphique. — 5) Téléphones. — 6) Les services des postes et des télégraphes étant réunis on ne peut établir une distinction pour le personnel spécialement affecté au service télégraphique. — 7) Les frais du personnel, de location et autres ne peuvent pas être fournis à cause de la fusion des deux services postal et télégraphique.

Indes britanniques (Office indien). — 1) Année financière du 1er avril 1894 au 31 mars 1895. — 2) Non compris 3.497 kilom. de lignes de chemins de fer ayant un développement de fils de 11.238 kilom. — 3) Non compris 56 bureaux de Ceylan. — 4) Non compris 1 bureau de Ceylan. — 5) Non compris 3 bureaux de Ceylan. — 6) Non compris 52 bureaux de Ceylan, mais y compris 2.445 bureaux de chemins de fer et de canaux. — 7) Dont 115.703 concernant le service postal. — 8) Conversion en monnaie française à raison de 1 roupie = 1,$_{[illegible]}$ franc. — 9) Recensement de 1890-91. Y compris les territoires et populations des États indigènes, mais non compris les possessions françaises et portugaises.

Indes britanniques (Office indo-européen). — 1) Bureau de contrôle. — 2) Non compris les 7 bureaux de contrôle.

Indes néerlandaises. — 1) Non compris les lignes des chemins de fer et des Compagnies privées. — 2) Bureaux téléphoniques. — 3) Y compris 285 appareils de chemins de fer. — 4) A savoir : 54 téléphones et 2 récepteurs à miroir. — 5) Y compris le personnel postal, les deux services étant réunis. — 6) Non compris les télégrammes des chemins de fer de l'État et des Compagnies privées. — 7) Les dépenses postales et télégraphiques pour le personnel ne peuvent être décomposées ; elles se sont élevées en tout à 2.328.784 fr. 23 c. — 8) Dont 60.250 Européens.

Indo-Chine française (Cochinchine et Cambodge). — 1) A savoir : 2 recorders et 7 cadrans. — 2) Droits sur les mandats télégraphiques, etc. — 3) Par suite de la fusion, les dépenses postales et télégraphiques pour le personnel ne peuvent être décomposées ; elles se sont élevées en tout à 841.457 fr. 08 c.

Italie. — 1) Exercice du 1er juillet 1893 au 30 juin 1894. — 2) Non compris 3.181 kilom. de lignes au service exclusif des Sociétés des chemins de fer ayant un développement de fils de 36.428 kilom. — 3) Non compris 502 bureaux

OBSERVATIONS

ouverts seulement au service de l'État ou des chemins de fer. — 4) Dont 180 appartenant aux Compagnies des chemins de fer. — 5) Dont 8 en service permanent pour les télégrammes urgents, 55 avec service prolongé jusqu'à minuit et 166 appartenant aux Compagnies de chemins de fer. — 6) Dont 1.268 appartenant aux Compagnies de chemins de fer. — 7) Les télégrammes peuvent être consignés dans tous les bureaux de poste. — 8) Y compris 4 appareils Morse à transmission double simultanée. — 9) Dont 12 appareils à transmission double simultanée. — 10) A savoir : 17 appareils automatiques Wheatstone, 68 récepteurs Wheatstone, 5 appareils Baudot duplex et 7 quadruplex. — 11) Non compris 674.700 télégrammes expédiés par les bureaux de chemins de fer. — 12) Non compris 18.498 télégrammes expédiés par les bureaux de chemins de fer. — 13) Non compris 41.222 télégrammes expédiés par les bureaux de chemins de fer. — 14) Non compris 18.060 télégrammes expédiés par les bureaux de chemins de fer. — 15) Les télégrammes relatifs aux services télégraphique et postal sont seuls considérés comme télégrammes de service. Dans ce chiffre, 225.962 télégrammes se réfèrent au service télégraphique, et 57.557 au service postal ; n'y sont pas compris les télégrammes de service télégraphique expédiés par les bureaux des chemins de fer. — 16) Y compris 182.747 francs de contributions des administrations téléphoniques. — 17) Non compris les dépenses qui sont communes aux deux services postal et télégraphique.

Luxembourg. — 1) Non compris 121,$_{[illegible]}$ kilom. de lignes de chemins de fer ayant un développement de fils de 811 kilom. — 2) Non compris 74 appareils appartenant aux Compagnies de chemins de fer. — 3) Appareils téléphoniques. — 4) Les services des postes et des télégraphes étant réunis, il n'est pas possible de donner le nombre des employés affectés au service télégraphique. — 5) La réunion des services des postes et des télégraphes ne permet pas d'établir le chiffre des dépenses relatives au service télégraphique. — 6) Recensement de 1890.

Pays-Bas. — 1) A l'exception du nombre des bureaux, les données ont rapport seulement à l'administration des télégraphes de l'État. — 2) Y compris 7 sémaphores. — 3) Dont 4 montés en duplex. — 4) Téléphones, système Bell-Blake, Paul Bert-d'Arsonval, Theiler, Van Rysselberghe et Berliner. — 5) Y compris 44 employés du service réuni des postes et des télégraphes. — 6) Y compris 387 employés du service réuni des postes et des télégraphes. — 7) A savoir : 965 facteurs, 29 surveillants des lignes et 29 ouvriers. — 8) Sont considérés comme télégrammes de service les correspondances concernant le service des télégraphes et, par exception, celles qui ont rapport à la météorologie.

Roumanie. — 1) Exercice du 1er avril 1894 au 31 mars 1895. — 2) Personnel des postes, télégraphes et téléphones réunis. — 3) La réunion des services des postes et des télégraphes ne permet pas d'établir les chiffres des recettes et des dépenses exclusivement afférentes au service télégraphique. Les dépenses pour les deux services se sont élevées en tout à 7.075.703 francs. — 4) Recensement de décembre 1894.

Sénégal. — 1) L'exploitation a lieu au moyen d'un personnel commun au service des postes et à celui des télégraphes fusionnés. — 2) Y compris la population des pays protégés (1891).

Suède. — 1) Y compris les deux câbles sous-marins de 110 kilom. que la Suède possède en commun avec le Danemark et l'Allemagne, mais non com-

OBSERVATIONS

pris 1.225 kilom. de lignes et 15 380 kilom. de fils appartenant aux chemins de fer. — [2] Dont 108 bureaux téléphoniques où des télégrammes sont aussi expédiés. — [3] Bureaux d'État. — [4] Dont 155 téléphones ; en outre, il y a 858 appareils Morse et 623 à cadrans appartenant aux chemins de fer. — [5] Dont plus de 350 femmes. Aux chemins de fer il n'y a que 80 personnes environ engagées exclusivement pour le service télégraphique. — [6] Sans compter les agents de la surveillance des lignes ni les ouvriers affectés aux travaux des lignes. — [7] Dont 142.169 expédiés exclusivement sur les lignes des chemins de fer. — [8] Y compris les télégrammes météorologiques. — [9] En outre, pour la correspondance privée sur les lignes des chemins de fer 189.354 francs. — [10] En outre, pour les réseaux des télégraphes des chemins de fer 70.351 francs. — [11] Aux chemins de fer ont été dépensés pour les traitements du personnel 130.888 francs, et pour l'entretien des lignes télégraphiques, 101.143 francs.

Suisse. — [1] Non compris 1.392,506 kilom. de lignes privées et de chemins de fer ayant un développement de fils de 10.779,600 kilom. — [2] Dont 260 relais fonctionnant en guise d'appareils. — [3] Téléphones remplaçant des appareils télégraphiques. — [4] Télégrammes de service partants dont 56,78 0/0 concernant le service de la poste à l'intérieur. — [5] Non compris l'augmentation de l'inventaire de 204.051 fr. 24 c. — [6] Y compris 36.059 fr. 30 c., intérêt de l'inventaire, 102.032 fr. 52 c., intérêts et amortissement des frais d'établissement du réseau.

Tunisie. — [1] A savoir : 1 recorder et 18 téléphones. — [2] Le service des télégraphes étant réuni à celui des postes, il n'est pas possible de fournir ces renseignements.

PARIS. — IMPRIMERIE CHAIX. — 3348-2-96.

RED. :

15

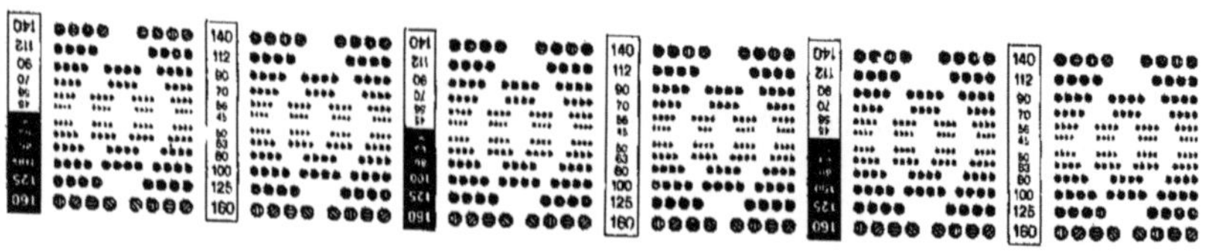

www.ingramcontent.com/pod-product-compliance
Ingram Content Group UK Ltd.
Pitfield, Milton Keynes, MK11 3LW, UK
UKHW020201200726
13856UKWH00003B/1135